Elaboración del arte final

David Pérez Molina

Elaboración del arte final
© David Pérez Molina

1ª Edición

© IC Editorial, 2025

Editado por: IC Editorial
c/ Cueva de Viera, 2, Local 3
Centro Negocios CADI
29200 Antequera (Málaga)
Teléfono: 952 70 60 04
Fax: 952 84 55 03
Correo electrónico: iceditorial@iceditorial.com
Internet: www.iceditorial.com

ISBN: 978-84-1184-687-5
Depósito Legal: MA 494-2025

Impresión: PODiPrint
Impreso en Andalucía – España

Nota de la editorial: IC Editorial pertenece a Innovación y Cualificación S. L.

Presentación del manual

El **Certificado de Profesionalidad** es el instrumento de acreditación, en el ámbito de la Administración laboral, de las cualificaciones profesionales del Catálogo Nacional de Cualificaciones Profesionales adquiridas a través de procesos formativos o del proceso de reconocimiento de la experiencia laboral y de vías no formales de formación.

El elemento mínimo acreditable es la **Unidad de Competencia.** La suma de las acreditaciones de las unidades de competencia conforma la acreditación de la competencia general.

Una **Unidad de Competencia** se define como una agrupación de tareas productivas específica que realiza el profesional. Las diferentes unidades de competencia de un certificado de profesionalidad conforman la **Competencia General,** definiendo el conjunto de conocimientos y capacidades que permiten el ejercicio de una actividad profesional determinada.

Cada **Unidad de Competencia** lleva asociado un **Módulo Formativo,** donde se describe la formación necesaria para adquirir esa **Unidad de Competencia,** pudiendo dividirse en **Unidades Formativas.**

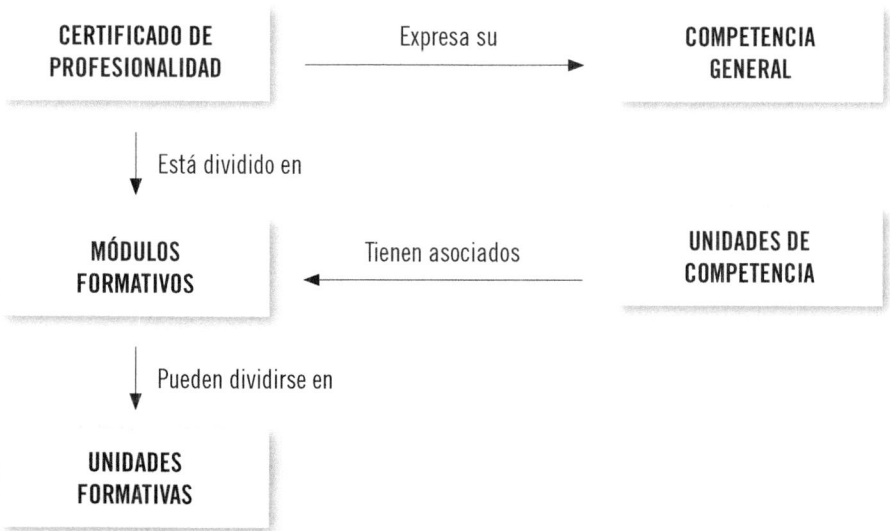

El presente manual desarrolla la Unidad Formativa **UF1462: Elaboración del arte final,**

perteneciente al Módulo Formativo **MF0699_3: Preparación de artes finales,**

asociado a la unidad de competencia **UC0699_3: Preparar y verificar artes finales para su distribución,**

del Certificado de Profesionalidad **Diseño de productos gráficos.**

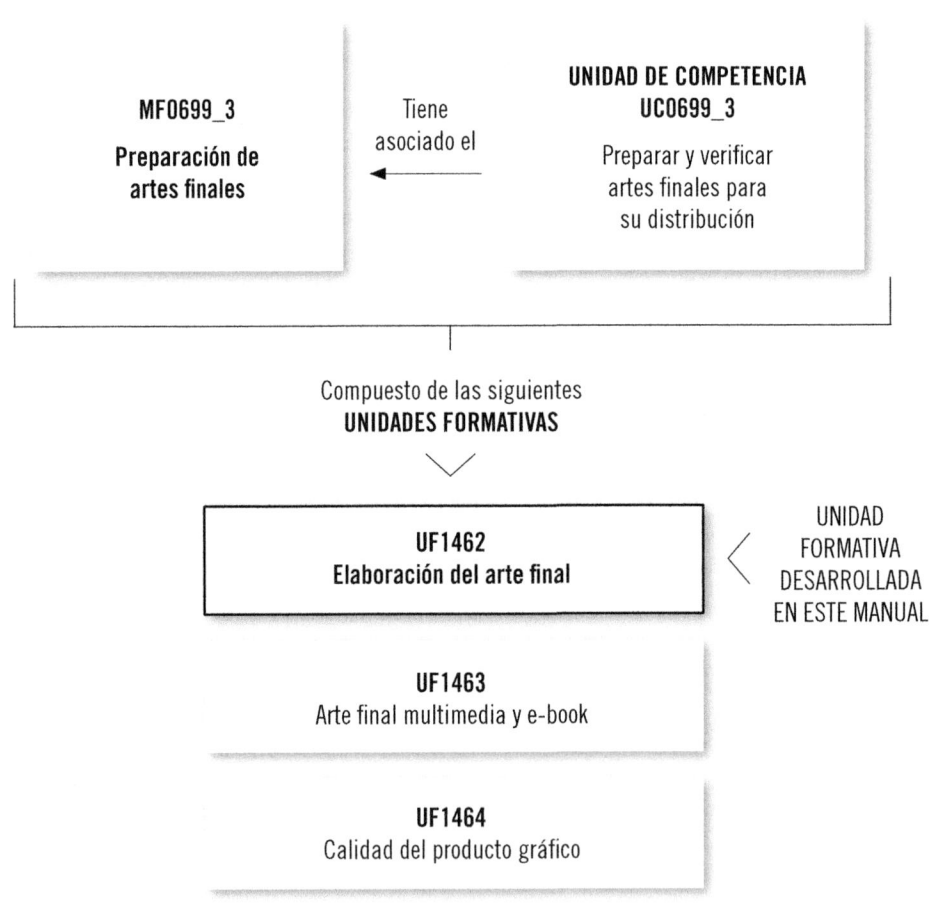

FICHA DE CERTIFICADO DE PROFESIONALIDAD

(ARGG0110) DISEÑO DE PRODUCTOS GRÁFICOS (R. D. 1520/2011, de 31 de octubre)

COMPETENCIA GENERAL: Desarrollar proyectos gráficos a partir de las especificaciones iniciales del producto; elaborando bocetos, seleccionando y adecuando color, imágenes y fuentes tipográficas; creando elementos gráficos, maquetas y artes finales; utilizando herramientas informáticas; realizando presupuestos en función de las características del proyecto y verificando la calidad del producto terminado.

Cualificación profesional de referencia		Unidades de competencia	Ocupaciones o puestos de trabajo relacionados:
ARG219_3 DISEÑO DE PRODUCTOS GRÁFICOS (R. D. 1228/2006, de 27 de octubre)	UC0696_3	Desarrollar proyectos de productos gráficos	• Diseñador gráfico • Grafista • Maquetista • Arte finalista
	UC0697_3	Tratar imágenes y crear elementos gráficos con los parámetros de gestión del color adecuados	
	UC0698_3	Componer elementos gráficos, imágenes y textos según la teoría de la arquitectura tipográfica y la maquetación	
	UC0699_3	Preparar y verificar artes finales para su distribución	

Correspondencia con el Catálogo Modular de Formación Profesional

Módulos certificado	Unidades formativas	Horas
MF0696_3: Proyecto de productos gráficos	UF1455: Preparación de proyectos de diseño gráfico	50
	UF1456: Desarrollo de bocetos de proyectos gráficos	90
	UF1457: Obtención de imágenes para proyectos gráficos	40
MF0697_3: Edición creativa de imágenes y diseño de elementos gráficos	UF1458: Retoque digital de imágenes	70
	UF1459: Creación de elementos gráficos	50
MF0698_3: Arquitectura tipográfica y maquetación	UF1460: Composición de textos en productos gráficos	90
	UF1461: Maquetación de productos editoriales	50
MF0699_3: Preparación de artes finales	UF1462: Elaboración del arte final	60
	UF1463: Arte final multimedia y e-book	30
	UF1464: Calidad del producto gráfico	30
MP0312: Módulo de prácticas profesionales no laborales		40

Índice

Capítulo 1
Revisión de documentos en productos impresos

Contenido

1. Introducción

Para obtener un producto impreso con las condiciones de calidad previstas o diseñadas, hay que conocer, además de los materiales, como el soporte de impresión, las tintas y los acabados que se aplicarán al producto, las condiciones técnicas que se han de tener en cuenta desde el inicio del proyecto en su fase de creación digital, las características técnicas del sistema de impresión a utilizar y las pautas a tener en cuenta a la hora de preparar el arte final de un proyecto para obtener el resultado de calidad ajustado a las condiciones del sistema elegido para la impresión del producto.

La falta de comunicación entre diseñadores e imprentas es el gran eslabón perdido en el proceso de fabricación de un producto impreso, lo que conlleva que los proyectos se reciban en los departamentos de preimpresión sin cumplir una norma establecida, lo que, en ocasiones, hace imposible la correcta reproducción de los mismos. Normalizar el arte final de un proyecto por personal cualificado de preimpresión supone costes extra inesperados en la producción y, en algunos casos, rehacer el trabajo por completo y, en consecuencia, un retraso en la entrega del producto impreso al cliente final.

2. Control del formato

El formato o las dimensiones del producto impreso deben regirse por el sistema de reproducción empleado. Incluso, dependiendo del formato y otras pautas, hay que declinarse por un sistema de impresión u otro.

La elección del sistema de impresión para un determinado trabajo supone obtener las necesidades de calidad establecidas para el producto impreso por el cliente final o no. Una mala elección puede suponer, además de pérdida de calidad, un notable incremento en el coste de producción del producto impreso derivado de tiempos extra en la impresión, gasto innecesario de materiales o excesivos trabajos de manipulado.

Para una correcta elección del formato, se tendrán en cuenta una serie de aspectos:

- **Formato final establecido por parte del cliente:** en muchos casos, no se podrá variar el formato del impreso, porque sea elección del propio cliente, el impreso forme parte de una colección de similares dimensiones, se atenga a las características técnicas de una identidad corporativa o simplemente sea un tamaño estándar. En este caso, se buscará el equilibrio entre productividad y calidad para la reproducción del impreso con las condiciones establecidas.

- **Finalidad del producto impreso:** la elección del formato es decisiva para una correcta aplicación de la finalidad del producto. Así pues, si se quiere realizar un *mupi* o cartel en marquesina, habrá que ajustarse a las medidas y márgenes exactos del panel publicitario retroiluminado o el trabajo no tendrá arreglo. Igualmente, si el proyecto es una guía de consulta turística, hay que declinarse por un formato que facilite a los turistas su transporte y uso mientras viajan.

- **Sistema de impresión acorde a la calidad y tiempos establecidos:** según los resultados de calidad y el número de ejemplares que se necesite obtener, se seleccionará el sistema de impresión idóneo. Una vez se sepa el sistema de impresión a utilizar, habrá que barajar los distintos formatos disponibles, de máquina y soporte de impresión, para obtener el mínimo desperdicio de soporte y ajustar al máximo el tiempo de impresión.

 Sabía que...

Ocurre con frecuencia que el cliente, sin dejarse asesorar por un especialista, establece formatos finales para productos impresos que, además de suponer costes excesivos de producción, finalmente conllevan problemas tales como:

I El formato de un libro que, al no ajustarse a ningún formato estándar, una vez impreso no cabe en una estantería, lo que dificulta su correcto almacenamiento.

I El formato de una simple tarjeta de visita, que igualmente, al no ajustarse a un estándar, no cabe en un tarjetero.

La conclusión es clara: una incorrecta elección del formato supone no poder llevar a cabo la finalidad con la que se creó el impreso.

2.1. Revisión del formato según el medio de reproducción y las medidas establecidas en el proyecto

Una vez estudiadas las necesidades del cliente y la finalidad comercial del producto impreso, se calculará, ajustándose a los formatos estándares en la medida de lo posible y teniendo en cuenta variables tales como número de ejemplares, calidad, tiempos de entrega, materiales, costes y, por supuesto, sistemas de impresión, el formato final del impreso. A continuación, se comenzará el proyecto en cualquiera de las aplicaciones informáticas destinadas a la creación y el diseño de productos gráficos, en la que se introducirán las medidas finales establecidas.

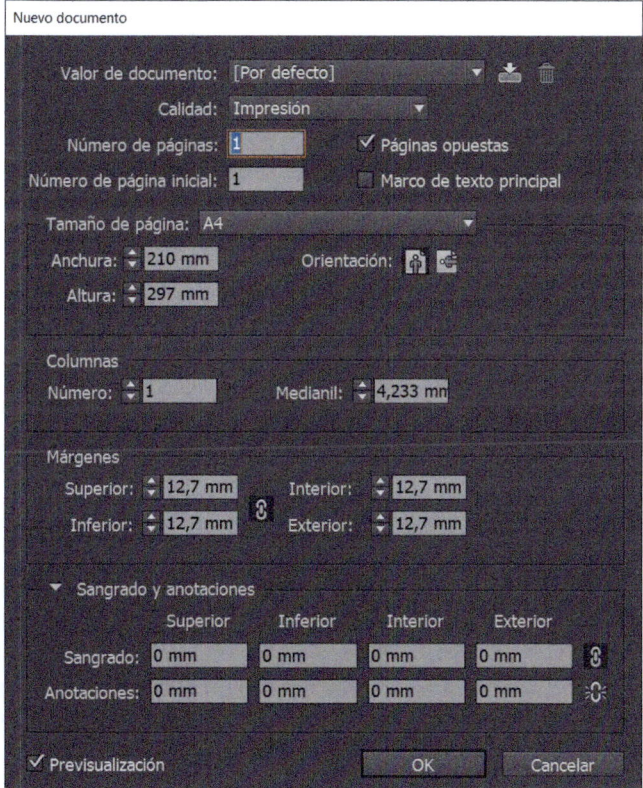

Introducción del formato final del producto impreso al inicio del proceso digital de creación del proyecto (anchura, altura y orientación) en Adobe Indesign

Las medidas de un documento digital se pueden consultar e incluso modificar en cualquier momento en el menú de la aplicación digital destinado a ello, por lo que, antes de crear el arte final y enviarlo a impresión, hay que cerciorarse de que el formato final es el correcto cotejándolo con los datos de la orden de trabajo.

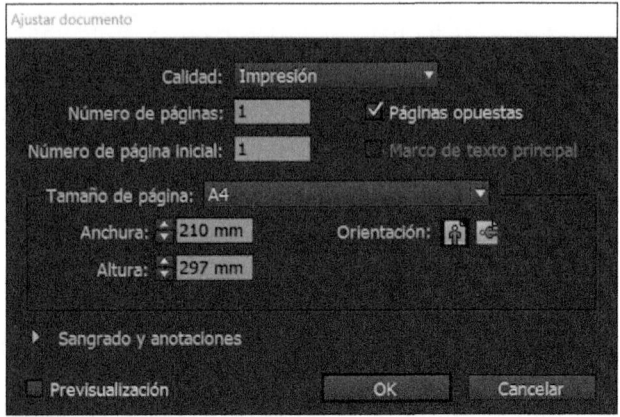

Menú de consulta o modificación del formato de un documento digital

Una vez cerciorados de que el formato final del documento es correcto, se procederá a realizar el arte final en PDF.

Dado que a los departamentos de preimpresión se prefiere que lleguen los documentos digitales en PDF (basados en norma ISO), *Adobe Acrobat Pro* es la aplicación informática donde se plasma todo arte final antes de ser impreso. También se puede utilizar la versión gratuita que es *Adobe Acrobat Reader,* aunque no tiene todas las funcionalidades que ofrece la versión *Acrobat Pro.*

A continuación, se utilizará *Adobe Acrobat Pro* para comprobar o revisar las pautas a tener en cuenta para una correcta impresión en determinados sistemas de impresión. En relación al formato final, los operarios del departamento comprobarán las medidas finales del PDF y la cotejarán con los datos que aparezcan en la orden de trabajo para comprobar que es correcta.

 Actividades

1. Abra una aplicación informática de diseño y cree un nuevo proyecto de 8 páginas enfrentadas con formato A5 horizontal. Una vez hecho esto, modifique el formato de su proyecto a 200 x 200 mm.

Revisión del formato sobre pruebas de impresión

La revisión de las dimensiones del impreso es recomendable hacerla desde el proyecto digital o desde su PDF normalizado para impresión antes de enviar a cualquier sistema de pruebas digitales.

Hay distintos tipos de pruebas digitales, cada una de ellas con sus características y finalidad, pero no todas son idóneas para la comprobación o revisión del formato final de un impreso. En las impresoras digitales convencionales de pequeño formato, antes de imprimir habría que asegurarse de que en la configuración de impresión del dispositivo no está activa la opción de **Ajuste a página,** ya que podría modificar el tamaño de la impresión y no corresponderse con las medidas del proyecto digital.

 Aplicación práctica

Es el responsable de producción y artes finales de una agencia de publicidad y tiene que revisar que el formato de un proyecto de *packaging* para un perfume tiene las dimensiones correctas para contener el frasco. ¿Qué prueba de impresión solicitaría a la imprenta?

Continúa en página siguiente >>

<< Viene de página anterior

SOLUCIÓN

Para la comprobación de las correctas dimensiones de un *packaging,* se solicitaría una prueba de ferro, que será fiel al original en cuanto a dimensiones.

Si además se necesita comprobar la calidad de reproducción y la viveza del color del original, se solicitará una prueba de contrato.

Con otros tipos de pruebas, como los ferros digitales o las pruebas de contrato, en los que se utilizan *plotters* que emulan a las filmadoras y CTP con similares sistemas de procesado *postscript* y que además permiten la utilización de variedad de soportes para emular al máximo el producto final, sí podrían comprobarse las dimensiones exactas de un impreso antes de comenzar con su impresión en producción o incluso realizar prototipos de folletos con plegados, impresos troquelados o complejos envases para, antes de producir, poder detectar cualquier defecto en plegados, hendidos, troqueles, etc., y poder subsanar el error.

2.2. Revisión del sangrado

La sangre o sangrado es un margen que se aplica, de 3 mm (como norma), a partir del formato final, por su exterior. Se aplica a proyectos que muestran zonas de imagen pegadas al borde de su formato final. Así pues, si se está diseñando cualquier producto impreso y se quiere posicionar una imagen al borde del papel, debe sacarse 3 mm hacia fuera del formato final. La finalidad es que cuando se refilen o corten los impresos del montaje en el pliego de impresión el corte quede con su mancha de tinta al borde del papel y no, por un pequeño mal ajuste en la guillotina, se vea el soporte (papel) sin mancha de impresión, obteniendo un resultado inapropiado.

Ejemplos de la aplicación correcta e incorrecta de la sangre a un impreso

Resultado final de los impresos correcta e incorrectamente sangrados

Como norma 3 mm de margen de sangrado y siempre simétrico

Como se ha mencionado, como norma se utilizará un margen de sangrado de 3 mm, pero es importante añadir que el margen debe ser siempre simétrico, aunque uno o varios laterales del impreso no lleven ninguna mancha de tinta hasta el mismo borde del papel. Si solo un lateral lleva alguna imagen en el borde, esta deberá sangrarse y además incluir el margen de sangrado simétrico, aunque el resto de lados del impreso no contengan ninguna imagen a sangre.

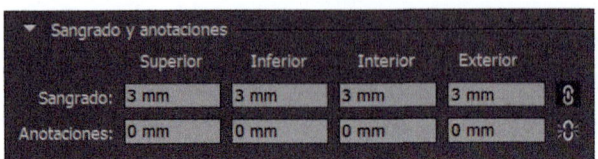

Sangrado correcto de 3 mm simétrico

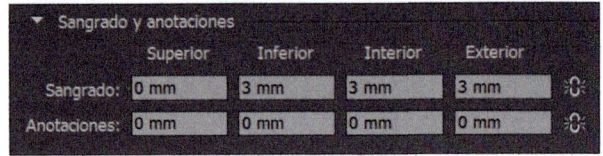

Sangrado incorrecto de un documento

Algunas aplicaciones de diseño permiten la aplicación del margen de sangre de manera indistinta para cada lateral del impreso, pero siempre hay que utilizar el margen de manera simétrica, ya que, una vez terminado el diseño, al exportar a PDF el arte final, la aplicación da la opción de incluir el margen de sangrado (en el PDF debe ser igualmente simétrico). El motivo es que las aplicaciones de imposición electrónica que se utilizan en preimpresión colocan el PDF del diseño centrado en el formato final contenido en el montaje de impresión, de tal forma que, si se envía un documento con sangre irregular, por un solo lado, el modelo quedará ligeramente desplazado hacia un lateral, pero si se envía con la sangre simétrica, aun sin tener imágenes a sangre en algún lateral, centrará perfectamente el PDF del diseño en su correspondiente lugar del montaje.

 Recuerde

Si el impreso no lleva ninguna imagen o mancha de tinta pegada al borde del papel, se entregará el arte final sin margen de sangre, con la medida exacta del formato final de impresión.

En cambio, si el impreso contiene alguna imagen o mancha de tinta pegada al borde del papel, parte de la imagen saldrá del formato final 3 mm y se preparará el arte final con un margen de sangrado de 3 mm e igual por todos los lados.

Cuando en el departamento de preimpresión se recibe un PDF con el margen de sangrado asimétrico y el operario lo detecta, le puede dar solución en la aplicación de **Imposición electrónica,** configurando página a página en la imposición la corrección del desplazamiento. Por ejemplo: si los PDF traen 3 mm de margen de sangre solo por la derecha, se desplazará el contenido de la página de la imposición 1,5 mm a la derecha, pero es una operación muy laboriosa y con un alto porcentaje de error por parte del operario, siendo menos arduo que el cliente rehaga el PDF con la sangre simétrica y lo vuelva a enviar.

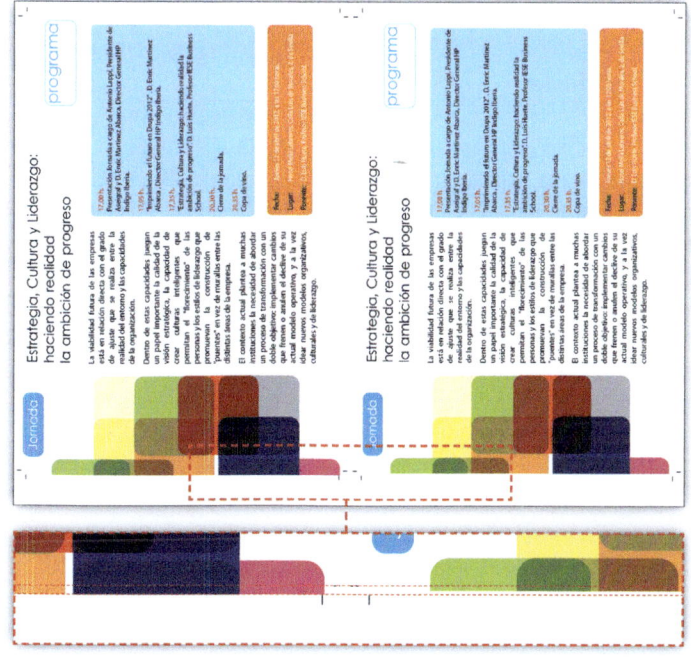

Pliego de impresión del mismo modelo en producción doble en la que el modelo de la izquierda está en la posición correcta (con margen de sangre simétrico) y el de la derecha (con margen de sangre solo por su lateral izquierdo, asimétrico) queda ligeramente desplazado. Obsérvese la zona ampliada.

Sabía que...

Un error común pero por pocos observado es que, en las páginas de un libro, en el que a la hora de imponerle el sangrado se le ha dado a todos los laterales de las páginas excepto a los interiores o zonas que pegan al lomo del libro, si se miran las páginas al trasluz, se puede observar que los bloques de texto de páginas par e impar consecutiva no coinciden. También se puede observar en la numeración de página, que tampoco coincide en su colocación.

 Actividades

2. Realizar la prueba, reproducir el error. Realice un diseño de ejemplo con un elemento sangrado solo en un lateral, expórtelo a PDF con la sangre simétrica y llámelo "sangreOK". A continuación, haga la misma operación, pero, al exportar a PDF, incluya solo el margen donde se encuentre la imagen que ha sangrado y expórtelo como "pdfmal". En una aplicación de imposición electrónica (si no dispone de una, puede descargar una versión de prueba), realice un montaje para introducir los dos PDF, colóquelos y compruebe el desplazamiento que se produce. Ahora pruebe a configurar un desplazamiento en la página de la imposición para solventar el problema.

 Aplicación práctica

Trabaja en una editorial como maquetador y lleva tres días con un libro en el que en un principio el autor no iba a introducir fotos, pero cambia de idea cuando lleva 130 páginas ya maquetadas. Al autor se le ocurre introducir una imagen en una portadilla de capítulo a toda página, a sangre. Cuando comenzó la maquetación, no introdujo ningún margen de sangrado. ¿Qué solución se le ocurre para no tirar tres días de trabajo?

Continúa en página siguiente >>

<< Viene de página anterior

SOLUCIÓN

Volverá a configurar el proyecto en el que está trabajando y se introducirán 3 mm de margen de sangre por todos lados (superior, inferior, interior y exterior). Para ello, se dirigirá al menú de la aplicación donde ofrece la posibilidad de cambiar la configuración inicial del margen de sangrado y con ello solucionar el problema. Una vez hecho esto, se colocará la imagen que el cliente ha proporcionado para la portadilla del capítulo, por supuesto, a toda página y ajustada a los márgenes de sangre que ha configurado anteriormente.

Cuando realice el PDF del arte final del libro, se incluirá el margen de sangre configurado en el proyecto de manera simétrica.

Casos posibles respecto al margen de sangrado

En ocasiones, en la elaboración del proyecto o del montaje en el pliego de impresión del mismo, no se utilizan 3 mm de margen de sangre. Es posible encontrar los siguientes casos:

- **Sin margen de sangre:** porque el impreso no lleve ninguna mancha de tinta hasta el borde del formato final. Ocurre por ejemplo en libros de lectura o en periódicos.
- **Margen de 5 mm de sangrado:** se suele utilizar un margen de sangrado mayor (de 5 mm) en proyectos de envases o impresos que serán troquelados. En realidad, con la maquinaria existente hoy día, cualquier máquina troqueladora tiene una precisión suficiente para no necesitar tanto margen de sangrado para troquelar un impreso correctamente, por lo que con 3 mm sería suficiente, excepto en casos muy concretos.
- **Reducir la sangre al máximo:** para ajustar al máximo los modelos de impresos que pueden entrar en el pliego de impresión, se suele reducir el margen de sangrado a 2 mm e incluso hasta 1 mm, pero solo para trabajos muy específicos, como por ejemplo en la impresión de pliegos de postales, en que, para reducir costes, se aprovecha al máximo el pliego de impresión. Esta operación siempre se realiza en el departamento de preimpresión por personas cualificadas. Como ya se ha dicho, siempre se utilizará la norma de 3 mm de margen de sangre, aunque según las

características del trabajo se pueda reducir ese margen en el montaje de impresión por decisión de personal cualificado.

2.3. Revisión de marcas de corte

Para la correcta reproducción de una imagen sobre un soporte en un sistema de impresión rotativo, la maquinaria necesita un área del soporte para sujetarlo y/o arrastrarlo, normalmente por un sistema de cilindros, para efectuar la impresión. Dicho margen o área es una zona no imprimible, ya que sería imposible que la máquina, a la vez que agarra o arrastra el papel por ese margen, lo imprimiera.

Por ejemplo, todos hemos impreso en una impresora convencional de formato A4 como la que se puede tener en casa y adquirir en muchos comercios. Estas impresoras nunca llegan a imprimir toda el área de un A4, ya que están dispuestas con un sistema de arrastre del papel, normalmente un margen de unos 5 mm longitudinalmente en la dirección de impresión en ambos laterales que imposibilita la impresión en dicho margen.

Es posible generalizar dos tipos:

- **Margen de arrastre:** el sistema funciona mediante un mecanismo de rodillos que usualmente utilizan máquinas de impresión digital e inyección de tinta, como por ejemplo una impresora convencional, una máquina reprográfica de alta producción o un *plotter* de inyección de tinta. Suele ser un margen longitudinal paralelo a la dirección de impresión de aproximadamente 5 mm de anchura a ambos lados del pliego.

Pliego de impresión del mismo modelo en producción múltiple preparado para una máquina de impresión digital con margen de arrastre

■ **Margen de pinzas:** como su propio nombre indica, el sistema agarra el soporte de impresión por medio de unas pinzas dispuestas en cilindros o cadenas de arrastre que transportan el soporte por el grupo de impresión de la máquina para que reciba la impresión. Este margen de pinzas suele usarse en maquinaria de impresión *offset* de pliego y es perpendicular a la dirección de impresión solo por el lado del pliego frontal o de entrada en máquina. El margen ocupa lo trasversal del pliego y oscila entre 8 y 15 mm de altura.

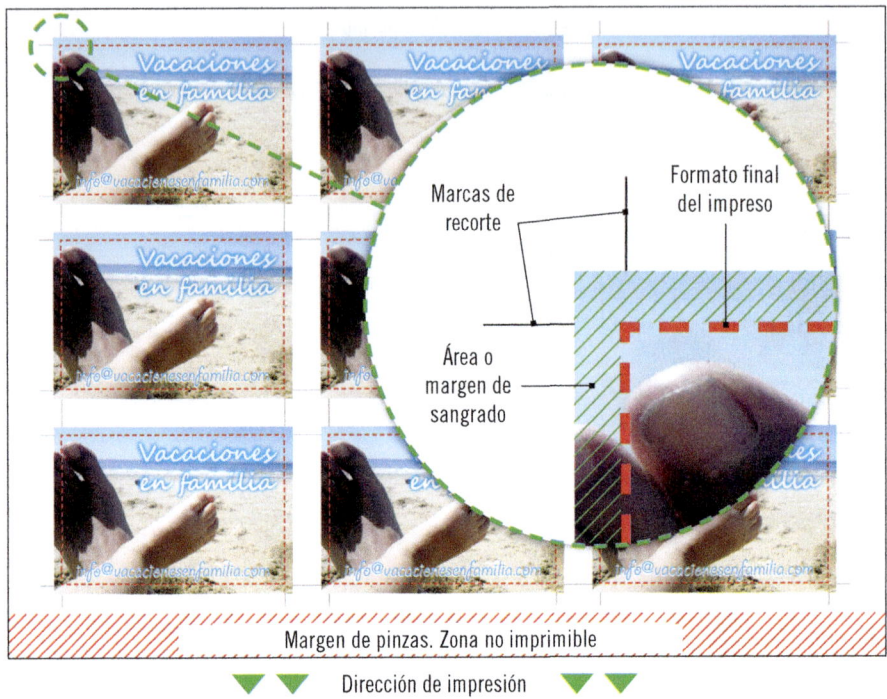

Marcas de recorte

Formato final del impreso

Área o margen de sangrado

Margen de pinzas. Zona no imprimible

 Dirección de impresión

Se repite el mismo montaje de impresión anterior, pero ahora preparado para una máquina de impresión offset con margen de pinzas. En este montaje, se detallan las marcas de recorte, el área de sangrado y una línea que limita el formato final del impreso.

Como puede verse, nunca se podría imprimir una imagen sangrada o a sangre si el pliego de impresión fuera del mismo tamaño que el formato final del impreso. Se necesita que el pliego de impresión sea de mayor tamaño donde van dispuestas las líneas de corte, marcas de impresión, márgenes de sangrado y, por supuesto, el área de margen de arrastre o margen de pinzas, para, una vez impreso el pliego, aplicar un proceso de corte o guillotinado en el departamento de postimpresión, utilizando como guía las marcas de recorte y así obtener el impreso en su formato final definitivo.

? Sabía que...

En un sobre ya fabricado, no se puede imprimir un fondo a sangre en toda su superficie, ya que el margen de pinzas o arrastre de la máquina no lo permite. Además, si solo sangramos

Continúa en página siguiente >>

<< Viene de página anterior

un elemento del diseño (por ejemplo un logo), para poder dejar libre el margen de pinzas, habría un problema de retintado, ya que la tinta que la máquina va depositando al borde del sobre, donde no hay soporte que la reciba, terminaría por manchar o repintar el reverso del sobre, estropeando el trabajo.

Las grandes empresas realizan fabricaciones de sobres de millares de ejemplares en las que se pueden permitir utilizar diseños a sangre, ya que, antes de la fabricación del sobre, se imprime, después se troquela y, por último, se encola y pliega el sobre, pudiendo obtener resultados con elementos o fondos a sangre.

Como se ha visto, las marcas de recorte delimitan en un pliego de impresión el formato final del producto impreso. Están dispuestas en las esquinas del impreso y a la vez separadas de este 3 mm (el margen de sangrado). Estas marcas de recorte mostrarán al operario de postimpresión, el guillotinista, por dónde debe realizar los cortes al pliego de impresión para finalizar el trabajo y obtener el impreso a su tamaño final.

El color registro

La mayoría de los sistemas de impresión están basados en la impresión por separaciones de color y, por tanto, en la superposición de tintas de colores primarios de síntesis substractiva para la reproducción sobre el soporte el original a imprimir, como por ejemplo el *offset,* la flexografía, la serigrafía, el huecograbado o la tampografía. Estos sistemas realizan la impresión por partes. Para obtener una impresión a todo color, se necesitan cuatro impresiones dispuestas una encima de la otra de los colores primarios cian, magenta, amarillo y negro (CMYK).

Para hacer coincidir con un registro perfecto cada una de las impresiones de cada canal CMYK sobre el soporte de impresión y obtener el original reproducido a todo color, se utilizan unas determinadas marcas en el pliego de impresión. Estas marcas sirven como guía de registro al impresor, ya que están presentes en los cuatro canales. Son de color registro. El color registro está compuesto por la mezcla de las cuatro tintas CMYK, por lo que, al aparecer en cada uno de los canales de impresión, permite controlar el registro y superponer cada uno de los canales de manera precisa.

Características de las marcas de recorte

Dentro de las marcas que se pueden encontrar en un pliego de impresión, se encuentran las marcas de recorte que, como se ha explicado, son de color registro y, por lo tanto, aparecen en todos los canales de impresión CMYK.

En cuanto a su grosor, suelen oscilar los 0,5 puntos, no menos, ya que hay posibilidad que se pierdan, que no aparezcan reproducidas, por ausencia de resolución en el sistema de impresión o en los procesos de preimpresión.

Su longitud también es variable, pudiendo oscilar entre 1 y 10 mm, pero se recomiendan 3 mm como norma. En ocasiones, para aprovechar al máximo el pliego de impresión y con ello la productividad, se reduce la longitud de las marcas de recorte hasta 1 mm para conseguir repetir en la imposición del montaje el mayor número de modelos del original. Esta operación siempre la efectúa en el departamento de preimpresión personal cualificado.

Marcas de recorte oblicuo

Como se ha visto, las líneas o marcas de corte delimitan en el pliego de impresión el formato final que tendrá el impreso una vez terminado el proceso de guillotinado. Lo normal es encontrar cortes regulares paralelos y perpendiculares entre sí, pero es posible encontrar excepciones en los diseños de los impresos, como cortes oblicuos que determina el diseñador mediante líneas o marcas de corte oblicuas situadas por el exterior al margen de sangrado, en el margen de indicaciones. Estos cortes oblicuos no necesariamente necesitan de un troquel para su corte final, ya que, si no es muy complejo, puede aplicarse con la guillotina.

Ejemplo de preparación del arte final de un diseño con cortes oblicuos

Marcas de recorte en troqueles

En la fabricación de productos impresos, se encuentra una gran variedad de diseños con contornos o siluetas no regulares imposibles de cortar en una guillotina, como los destinados a envases *(packaging)* o a impresos con formas irregulares, como una carpeta o un impreso con una determinada forma (de llave, de manzana, de abanico, etc.).

Para cortar los contornos o siluetas irregulares de impresos, se fabrican troqueles que llevan dispuestas cuchillas con la forma y el tamaño final del impreso y que se ajustan perfectamente al montaje de impresión para realizar el proceso de troquelado de manera mecánica en máquinas troqueladoras, donde se dispone la matriz o troquel y se realiza el corte a los pliegos de impresión obteniendo el impreso final con su corte irregular.

Para la fabricación del troquel, se necesita un trazado vectorial de línea continua, de unos 0,5 puntos de grosor, que se obtendrá de la aplicación digital donde se realice el diseño del impreso. Para ello, se silueteará el contorno de corte, teniendo en cuenta que habrá que incluir 3 mm de margen de sangrado por el exterior de dicha silueta. En relación al color del trazo de la silueta, se puede utilizar cualquier color que llame la atención del departamento de preimpresión (rosa, amarillo, verde, etc.), como es para la fabricación del troquel y no para su impresión. En el pliego no debe llevar color registro, aunque la manera más correcta sería crear un color plano en la paleta de colores, llamarlo "troquel" y aplicárselo al 100 % con la opción de sobreimpresión activa. Así, no habrá dudas en el departamento de preimpresión, ya que aparecerá en un canal distinto al CMYK y llamado troquel.

Ejemplo de diseño de un troquel de una caja, donde se puede observar la línea continua por la que se realizará el corte y la línea discontinua donde irán los hendidos.

Una vez realizada la silueta, determinado su grosor y color, se exportará el trazado del corte en un formato vectorial (PDF, AI, FH O EPS), el cual se enviará para la fabricación del troquel.

Los troqueles, además de contener cuchillas de corte, pueden contener cuchillas de perforación y de hendidos que habrá que representar en el trazado del troquel con similares características que las de corte, pero con trazos discontinuos, diferenciando entre ellos los de hendido y perforado.

 Aplicación práctica

Es miembro del equipo de diseño de *packaging* de una multinacional de productos cosméticos y le han encargado que realice y envíe el trazado del troquel de la caja contenedora de una crema facial. La caja debe ser rectangular, con cierre de solapas y con las siguientes medidas 150 x 30 x 30 mm (largo, ancho y fondo). ¿Cómo realizaría el encargo?

SOLUCIÓN

Se trabajará en una aplicación de diseño vectorial, como *Corel Draw, Freehand* o *Illustrator,* y se realizará el trazado del troquel con las medidas proporcionadas, teniendo en cuenta que las zonas de corte irán con línea continua y las de hendido con discontinua. Una vez realizado, se exportará el trazado a un formato vectorial que se entregará para la fabricación del troquel.

2.4. Revisión de marcas de pliego

Para obtener un producto impreso con las condiciones de calidad establecidas, hay que controlar una serie de parámetros durante el proceso de fabricación del mismo. El control de dichos parámetros está establecido mediante un lenguaje de señales o marcas que se incorporan en el pliego de impresión y ofrecen información para controlar y definir cada uno de los procesos de fabricación que se aplicarán a un determinado impreso. En el apartado anterior, se han visto las marcas de corte y su revisión. A continuación, se detallarán las marcas de pliego o plegado.

Al igual que las marcas de corte, las marcas o líneas de plegado deben tener un grosor de unos 0,5 puntos y ser de color registro. Es posible diferenciar dos tipos de marcas o líneas de plegado:

- Marcas o líneas de plegado de pliegos.
- Marcas o líneas de plegado de impresos.

Ambas van dispuestas en el pliego y cada una de ellas tiene una finalidad concreta que a continuación se detallará.

Marcas de plegado de pliegos

La imposición o montaje puede ser de varios tipos. Puede encontrarse un montaje simple con impresión en una sola cara, como la de un cartel con un formato final de 70 x 100 cm impuesto o montado en un pliego de impresión 72 x 102 cm, en el que para su realización hagan falta solo líneas de corte y cruces de registro, u otro montaje mucho más complejo, como el de un casado de 32 páginas en el que igualmente se encontrarán líneas de corte y cruces de registro, además de marcas de plegado de pliegos que facilitarán la tarea en el proceso de postimpresión del plegado del casado de 32 páginas que, finalmente, compondrá una revista o algún cuadernillo de un libro.

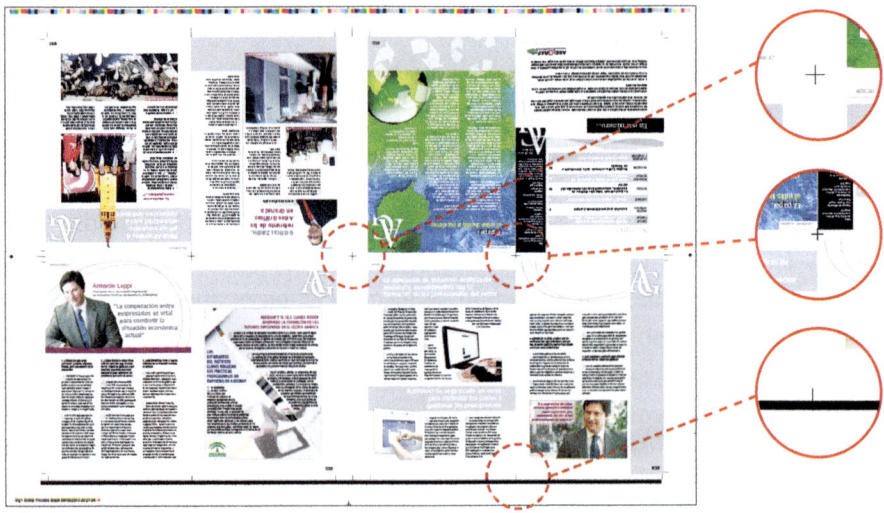

Marcas de plegado de pliegos en el dorso de un pliego de impresión de una revista de 16 páginas

Estas marcas de plegado de pliegos son líneas dispuestas en los extremos o cruces compuestas por dos líneas continuas que van dispuestas en el centro del pliegue donde el pliego llevará un plegado en cruz (al centro y al centro). Dependiendo del número de páginas que compondrán el cuadernillo, se encontrarán más o menos marcas o cruces de plegado en el pliego de impresión.

Estas cruces o marcas facilitan al personal de postimpresión el plegado correcto, sirviendo como guía en el proceso realizado en la plegadora.

Marcas de plegado de impresos

Para la fabricación de productos impresos, como los folletos plegados, el diseñador, en la etapa de creación, determina el plegado o plegados que se aplicarán al impreso. Esta labor conlleva una gran responsabilidad, ya que en plegados complejos cometer un error en las medidas de los cuerpos es bastante frecuente, por lo que se recomienda que para diseños de impresos plegados, además de realizar croquis y prototipos con dimensiones reales previos, se obtengan pruebas de contrato en las que se pueda comprobar que los pliegues del folleto impreso tengan un resultado satisfactorio y acorde a lo diseñado.

No hay que olvidar un factor muy importante, que es el soporte o papel seleccionado para la impresión del folleto plegado. El grosor y el gramaje del soporte son aspectos a tener en cuenta para que el resultado del folleto plegado sea correcto, ya que, por ejemplo, en papeles de alto gramaje o grosor, hay que tener en cuenta dicho grosor para hacer coincidir el pliegue de los cuerpos de manera correcta. En soportes o papeles de alto gramaje o grosor, es recomendable realizar hendidos en las zonas de pliegue, ya que probablemente el soporte se resquebrajará al realizar el plegado si no se ha aplicado un hendido previo.

 Importante

Es muy frecuente que a las imprentas lleguen diseños de folletos con complejos plegados que, una vez impresos, son imposibles de plegar haciendo coincidir la portada y la contraportada en sus posiciones correctas. También es común que los cuerpos que componen el folleto plegado tengan medidas erróneas e imposibiliten el plegado del mismo.

Estos errores no tienen solución una vez impresos los ejemplares, teniendo que volver a imprimir con la consecuente pérdida de productividad.

Existe gran variedad de posibilidades de plegar un folleto impreso. A continuación, se enumeran los plegados más usuales:

- **Díptico al centro:** impreso con un plegado en su centro horizontal o vertical.
- **Díptico con solapa:** impreso con un plegado no centrado, obteniendo así dos cuerpos de distinto tamaño y dando como resultado una solapa.
- **Tríptico envolvente:** impreso de tres cuerpos en los que cada cuerpo envuelve dentro de otro. Hay que tener en cuenta que los cuerpos no tendrán la misma distancia, ya que para entrar uno dentro de otro deberá ir aumentando la medida del cuerpo que envuelve. Dicha medida dependerá del tipo de soporte, su gramaje y su grosor.
- **Tríptico en zigzag, fuelle o acordeón:** como su nombre indica, es un impreso con un plegado en acordeón, en el que sus cuerpos son todos iguales. Es posible efectuar un plegado en acordeón con solapa, por lo que los cuerpos tendrían distinto tamaño.
- **Tríptico en ventana:** impreso en el que los dos cuerpos de los extremos cierran sobre un solo cuerpo central de doble ancho que los exteriores.

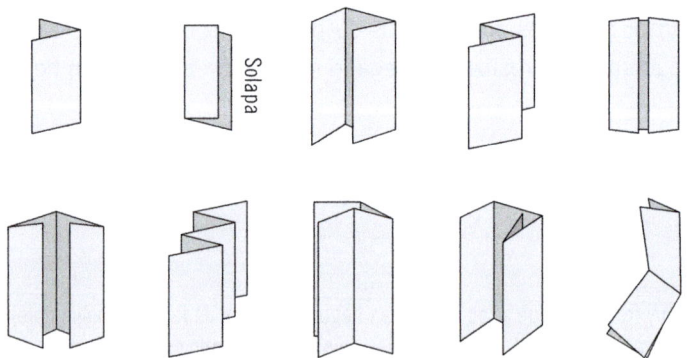

Tipos de plegados de impresos (por orden: díptico, díptico con solapa, tríptico envolvente, tríptico zigzag, tríptico en ventana, políptico en ventana y centro paralelo, políptico zigzag, políptico centro y centro paralelo, políptico envolvente, políptico centro y centro en cruz).

- **Políptico en ventana y centro paralelo:** similar al tríptico en ventana, pero el cuerpo central también cierra envolviendo a los cuerpos laterales. A tener en cuenta que los cuerpos laterales son envueltos, por lo que deben ser de menor ancho.

- **Políptico en zigzag, fuelle o acordeón:** similar al tríptico en zigzag, pero con mayor número de cuerpos.
- **Políptico en centro y centro paralelo:** impreso que pliega por su centro vertical y a continuación vuelve a plegar por su centro vertical o a la inversa.
- **Políptico envolvente:** igual que el tríptico envolvente, pero con mayor número de cuerpos.
- **Políptico centro y centro en cruz:** impreso que pliega por su centro horizontal y a continuación vuelve a plegar por su centro vertical o a la inversa. Este plegado se puede combinar con el zigzag y se obtendrá un plegado muy usado, como es el tipo mapa.

Las combinaciones posibles entre los tipos de plegados de impresos dan como resultado una gran variedad de plegados, algunos de ellos bastante complejos y creativos.

 Recuerde

En los plegados de impresos de tipo envolvente, el cuerpo envuelto mide entre 2 y 5 mm menos, dependiendo del grosor del soporte, que el cuerpo que lo envuelve.

 Actividades

3. Con papel, regla y tijeras, realice los siguientes plegados, sabiendo que el formato final del folleto plegado (cerrado) es 100 x 210 mm (ancho x alto):

   ı Un tríptico con plegado envolvente.
   ı Un tríptico con plegado en zigzag.
   ı Un políptico de 4 cuerpos en zigzag y envolvente.

Plegados especiales

Dentro de la gran variedad de tipos de plegados y las combinaciones que es posible realizar entre ellos, hay que tener en cuenta otras opciones que los creativos utilizan cada vez más para llamar la atención con sus diseños, como plegados oblicuos o plegados a impresos troquelados, que no se podrán realizar de forma mecánica en una plegadora, sino en procesos manuales de postimpresión.

Para facilitar la tarea de plegar impreso a impreso al personal de postimpresión, se recomienda aplicar un hendido mediante un troquel o hendidora a la zona del pliegue para así agilizar el proceso manual del plegado.

La preparación del arte final de un proyecto que se plegará de manera manual, por la imposibilidad de realizarlo en una máquina, será similar a la preparación de un arte final con corte oblicuo, salvo que las líneas que delimitarán el pliegue, en lugar de ser de trazo continuo, serán de trazo discontinuo. Como se ha mencionado, un proceso previo de hendido facilitará enormemente la tarea de plegado manual al personal de postimpresión.

 Actividades

4. Con papel, regla y tijeras, diseñe un prototipo de plegado de impreso que no sea posible realizar en una plegadora y tenga que realizarse de manera manual.

   A continuación, diseñe el prototipo de un impreso troquelado que igualmente necesite un plegado de manera manual.

2.5. Revisión de marcas de registro y otras marcas específicas

Además de las marcas de recorte y de pliego, dentro de un pliego de impresión se pueden encontrar otras marcas de control y referencia, como:

- Marcas de registro
- Barras de color
- Marcas de rectángulo
- Barra de exposición
- Marcas de alzado de pliegos
- Marcas de texto
- Marcas de registro o guía circunferencial

Cada una de estas marcas tiene una función que se enumera y explica en los apartados siguientes.

Marcas de registro

Las marcas de registro tienen la finalidad de facilitar al personal del departamento de impresión el correcto registro de las tintas contenidas en el impreso. Existen distintos modelos de marcas de registro y todas son de color registro, por lo que aparecen en todos los canales o tintas de impresión, lo que facilita al impresor su labor que, utilizando un cuentahílos, registra cada uno de los canales ajustando la máquina para que las cruces de registro caigan una encima de otra solapándose entre ellas y obteniendo así un impreso perfectamente registrado.

Distintos modelos de cruces de registro

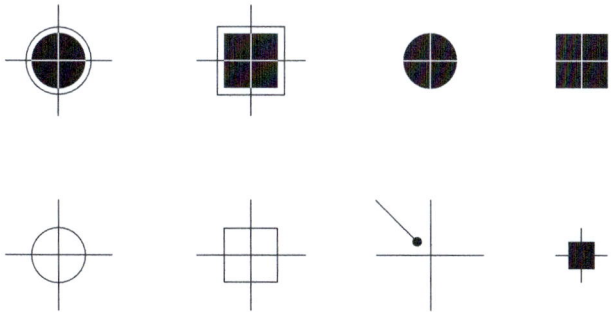

Cruz de registro bien registrada y cruz de registro mal registrada

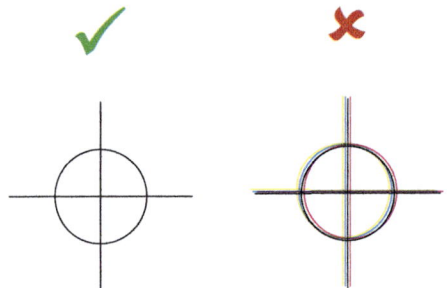

Actividades

5. Reúna periódicos, tetrabriks y envases, busque las cruces de registro de impresión y, con ayuda de un cuentahílos, detecte cruces de registro mal registradas.

Barras de color

Las barras de color se disponen en el pliego perpendiculares a la dirección de máquina o impresión, ya que su finalidad es la de controlar la densidad de la tinta que la máquina abastece al pliego de impresión. Mediante un densitómetro, el impresor mide cada uno de los parches dispuestos en la barra de color para controlar que la densidad de la tinta es correcta y homogénea durante todo el proceso de impresión.

Distintos tipos de barras de color

 **Nota**

En algunos talleres que aún utilizan métodos rudimentarios para controlar la homogeneidad de la densidad de tinta durante la impresión, se pueden encontrar tiradas en las que la intensidad de los colores varía en cada uno de los impresos. Esto ocurre por no controlar de manera periódica, durante la tirada y con la ayuda de un densitómetro, la densidad de los parches de la barra de color e ir reajustando los tinteros de la máquina para conseguir una densidad de color homogénea en todos los impresos.

Un trabajo no homogéneo en densidad de tinta es motivo suficiente para devolver el trabajo y que la imprenta tenga que repetirlo.

Marcas de rectángulo

Es un rectángulo que va colocado en el pliego de impresión perpendicular a la dirección de máquina o de impresión. Va relleno de tinta y su función es la de reducir la carga de tinta durante la impresión.

Marcas de barra de exposición

Para la obtención de la forma impresora, en el caso del sistema de impresión *offset,* se necesita disponer de una filmadora de películas *(Computer To Film,* CTF) o un sistema de directo a planchas *(Computer To Plate,* CTP) y, para supervisar el correcto funcionamiento de las mismas, se dispone de una herramienta estándar de control independiente del fabricante para los dispositivos de filmación *postscript,* que es la tira de control UGRA/FOGRA. Esta tira de control en formato EPS o PDF se colocará en el programa de imposición digital dentro del montaje con orientación vertical u horizontal. Está dispuesta con varios campos de control que permiten controlar, con la ayuda de un densitómetro, la resolución, la exposición y la reproducción de tonos y medios tonos, entre otros parámetros.

Tira de control UGRA/FOGRA

Realizando un control diario de estos parámetros, se mantendrá el dispositivo de filmación correctamente calibrado, obteniendo óptimos resultados de impresión.

Marcas de alzado de pliego

Para realizar un libro, se utilizan casados de 4, 8, 12, 16, 24, 32, 48 o 64 páginas que, una vez plegados y quedando sus páginas correlativas, se colocan uno sobre otro siguiendo el orden de numeración de páginas, proceso al que se llama alzado.

Para controlar de manera rápida que la colocación de los cuadernillos es correlativa, se utilizan una serie de marcas dispuestas en la zona del lomo, por donde irán posteriormente cosidos o fresados dichos cuadernillos, de manera que, observando el alzado, se visualizará que las marcas de alzado forman una escalera, verificando así que el libro está completo y en orden y pudiendo pasar al proceso de cosido.

Estas marcas de alzado se colocan en la aplicación de imposición digital, colocando la primera en el primer pliego y automáticamente la aplicación desplaza la marca en cada uno de los pliegos que formarán el libro para que, una vez plegados y alzados, se aprecie la escalerilla que verifica que el proceso de alzado ha sido correcto. Si por algún error en el alzado faltara o se repitiera algún cuadernillo, se detectaría con facilidad el error, ya que la escalerilla tendría saltos o repeticiones en sus escalones.

Marcas de alzado de cuadernillos y visualización de la escalerilla de manera correcta e incorrecta

Marcas de texto

Las marcas de texto pueden contener variedad de información en la plancha o en el pliego de impresión. Estas marcas se colocan en la aplicación de imposición digital y, además de un texto estático que se añada, pueden contener datos variables. Se enumeran los más usados:

- **Comentario:** en el campo de texto aparecerá cualquier comentario introducido en el cuadro de diálogo de impresión.
- **Color:** texto identificador de placa, CMYK o color plano.
- **Cliente:** el número identificador del cliente, que anteriormente está especificado en el cuadro de diálogo de información del trabajo.
- **Fecha:** fecha en la que se filmó la plancha.
- **Hora:** hora en la que se filmó el trabajo.
- **N° orden de trabajo:** número de identificación del cliente especificado en el cuadro de diálogo de información del trabajo.
- **Nombre:** nombre del trabajo especificado en el cuadro de diálogo de información del trabajo.
- **N° de pliego de impresión:** numeración correlativa de los pliegos de impresión.
- **Cara del pliego de impresión:** cara o dorso (A o B) del pliego de impresión.

Sig1 SideB Process Black 09/16/2013 20:27:26 26

Resultado de las marcas de texto Nº de pliego, cara del pliego, color, fecha y hora en un pliego de impresión

Marcas de registro o guía circunferencial

Otras marcas que es posible encontrar dentro de un pliego de impresión son las de registro o guía circunferencial, que tienen como finalidad facilitar al impresor la labor de centrar el pliego de impresión de manera que entre en la máquina lo más recto posible, que los laterales del pliego de impresión sean perfectamente paralelos a la dirección de máquina o de impresión. Estas líneas trasversales a la dirección de impresión se encontrarán en los laterales del pliego y deben estar a la misma distancia del comienzo del pliego.

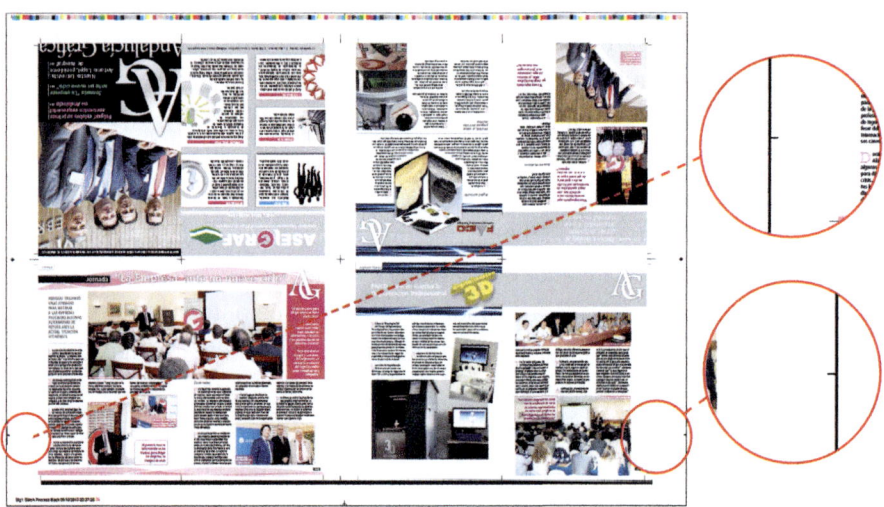

Detalle de las marcas de registro o guía circunferencial y su colocación en el pliego de impresión

3. Control del color

Los sistemas de impresión utilizan los colores primarios substractivos cian, magenta, amarillo y negro (CMYK) para la reproducción del original sobre el soporte. Con la selección CMYK, una impresora reproduce gran cantidad de colores, una gama cromática bastante amplia capaz de reproducir originales de calidad fotográfica. Aun así, dependiendo del sistema de impresión que se elija y sus características técnicas, se pueden obtener variados resultados cromáticos de un mismo original. Incluso imprimiendo en un sistema el mismo original en ocasiones distintas, habría que poner especial atención al ajuste cromático para obtener resultados parecidos.

Aunque con la selección CMYK los sistemas de impresión sean capaces de ofrecer amplias gamas cromáticas, hay colores o tintas especiales que no son reproducibles con CMYK, por ejemplo la impresión de colores fluorescentes, metálicos o simplemente colores que no se abarcan en la gama cromática CMYK, como los colores planos recogidos en la gama Pantone. Para imprimir un color especial, habrá que elegir el sistema de impresión idóneo, ya que no todos los sistemas permiten la impresión de estos colores.

La correcta reproducción del color en impresión está influida por cantidad de parámetros desde el inicio del proyecto digital hasta la impresión. A continuación, se enumeran algunos de ellos:

- Los ajustes de color en aplicaciones de retoque digital de imágenes supeditadas o no a perfiles de color de entrada y salida.
- La calibración de las pantallas.
- La calibración de los dispositivos de pruebas.
- Los soportes utilizados en los dispositivos de pruebas.
- Si se utilizan, la correcta aplicación de los perfiles de color de entrada y salida, normalizados o personalizados.
- La calibración del sistema de filmación.
- El estado de los líquidos de procesado de formas.
- Los ajustes en la impresión.
- El soporte de impresión.
- La temperatura y la humedad ambiental durante la impresión.

Mantener el control de todos los parámetros que influyen en la correcta reproducción del color es una tarea compleja que pocos talleres de impresión controlan al 100 %.

Sabía que...

Existes varias normas ISO y, entre ellas, la más utilizada en *offset,* la 12647, que establece un Delta E o margen de error en cuanto a las diferencias de color entre impresos.

Ante la disconformidad por parte del cliente del resultado colorimétrico de un trabajo impreso, la norma ISO 12647 establece cuáles son las diferencias colorimétricas aceptables o no.

3.1. Revisión de las tintas del documento y su adecuación al proyecto y al sistema de reproducción

Como se ha mencionado, no todos los sistemas de impresión tienen las mismas características de reproducción, por lo que, en la creación del proyecto digital, así como en la preparación del arte final, ha de tenerse en cuenta el sistema en el que finalmente se imprimirá el proyecto. A continuación, se verán varios ejemplos:

- **Impresión en blanco y negro:** si se pretende imprimir en un sistema monocromático, por ejemplo en negro, habrá que cerciorarse de que el proyecto solo contenga elementos en blanco y negro o escala de grises, ya que cualquier elemento en otro color no saldría impreso.
- **Impresión a todo color:** para una impresión a todo color, se podrá elegir entre varios sistemas de impresión CMYK, atendiendo a cuestiones de productividad. Aún así, la calidad capaz de reproducir el sistema y el soporte elegido también son determinantes para la elección del sistema de impresión adecuado.

- **Impresión de tintas planas o Pantone:** en este caso, se está supeditado a un sistema de impresión que permita la impresión de tintas planas, como el *offset,* la flexografía, serigrafía, etc. En impresión digital, no se pueden imprimir tintas planas, pero sí que es posible en impresión por inyección de tinta, por la gran calidad de reproducción y su amplia gama cromática, conseguir colores muy parecidos. Hoy día, es posible encontrar *plotters* capaces de imprimir barnices e incluso tintas metálicas.

Para comprobar las tintas que utiliza un proyecto digital, se puede visualizar en la paleta de colores del documento, donde aparecerán los colores utilizados y si son CMYK, RGB o tintas planas. Desde la propia paleta, se podrá realizar la conversión según las necesidades.

En las aplicaciones de diseño, también se dispone de una herramienta de previsualización de canales en la que aparecerá si existe algún canal de tinta plana además del CMYK. Desde esta herramienta, también se puede comprobar, si el trabajo es en blanco y negro, que no existe ningún elemento en los canales CMY.

La revisión de las tintas también puede realizarse al arte final en PDF, siendo tarea del preimpresor comprobar, antes de comenzar el proceso de filmación o impresión, que las tintas contenidas en el proyecto son las correctas. Para ello, *Adobe Acrobat Pro* dispone de herramientas de previsualización de salida, donde se muestran los canales CMYK y las tintas planas que utiliza el proyecto.

En los sistemas de flujo de trabajo de preimpresión, también vienen implementadas herramientas de *preflight,* que controlan que los proyectos contengan las tintas correctas e incluso aplican procesos automáticos de conversión cromática.

Aplicación práctica

Trabaja en el departamento de preimpresión de una empresa de impresión digital y en la orden de trabajo que tiene que realizar le solicitan la impresión de un libro a una sola tinta. Tras revisar los originales que envía el cliente, detecta que en el documento hay imágenes que aparecen en CMYK. ¿Qué solución propone?

SOLUCIÓN

Habrá dos soluciones posibles:

Devolver el trabajo al cliente solicitándole que rehaga o convierta las imágenes a blanco y negro o escala de grises y vuelva a enviar el trabajo correctamente.

Proceder a solucionar el problema convirtiendo el documento original completo a escala de grises.

3.2. Análisis mediante el uso del densitómetro y las tiras de control de la densidad, el contraste, el equilibrio de grises y el balance de color

Para obtener un producto impreso con las condiciones de calidad establecidas en cuanto a su valor tonal y color, el control densitométrico durante el proceso de impresión debe ser constante y realizado con sistemas de medición objetivos e independientes, ya que un juicio visual por parte del personal de impresión está condicionado por la percepción subjetiva del mismo y las condiciones del entorno, como la iluminación.

Durante la impresión, el personal realiza mediciones periódicas en los parches densitométricos de la tira de control dispuesta en el pliego de impresión. La tira de control se coloca en la entrada a máquina del pliego de impresión y perpendicular a la dirección de máquina o de impresión. Para una correcta medición y control de los valores de toda el área del pliego debe ocupar longitudinalmente toda la mancha de impresión.

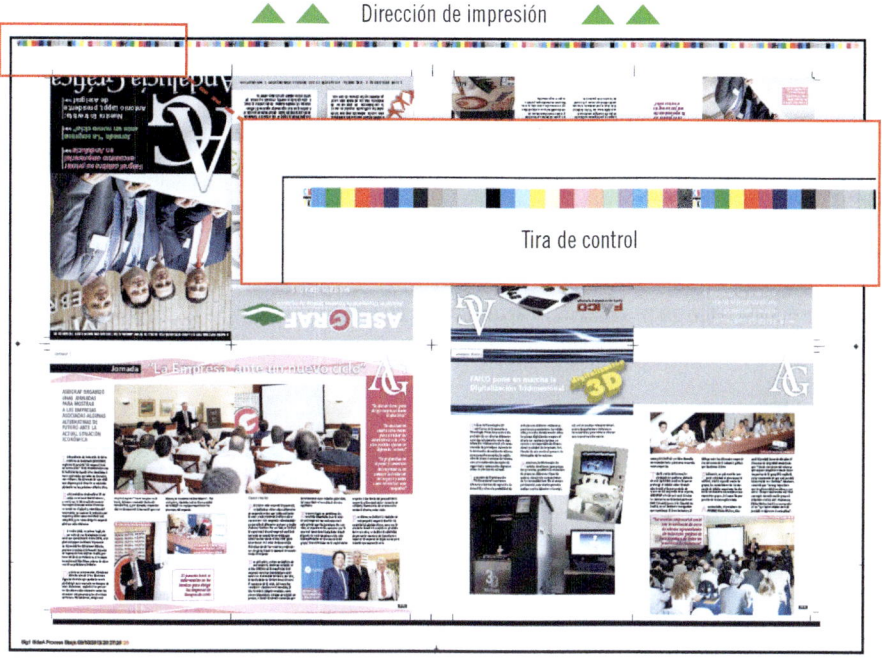

Colocación de la tira de control en el pliego de impresión

Los parches que componen la tira de control son la combinación de las tintas CMYK o CMYK + color plano. A continuación, se enumeran los distintos tipos:

- Parches con 100 % de tinta de cada color CMYK y tinta plana si la hubiera para la medición de la densidad de tono y grisura.
- Parches de tinta de cada color CMYK y tinta plana si la hubiera con distintos porcentajes de trama (25, 50 y 75 %) para la medición de la ganancia de punto en impresión, el valor tonal o el contraste de impresión.
- Parches donde sobreimprimen M+Y, Y+C y C+M (rojo, verde y azul) para la medir el *trapping* o aceptación de las tintas.
- Parches para medir el equilibrio de grises con un parche con gris neutro compuesto con negro y otro contiguo de gris neutro también, pero compuesto de CMY, y otro al 100 % de negro y otro contiguo también negro, pero compuesto con CMY.
- Campos líneas muy finas, pegadas y paralelas, para medir el deslizamiento y la doble impresión en el pliego.

■ Campos del sistema FOGRA para controlar la correcta calibración del sistema de filmación.

Aplicación práctica

Es el responsable de producción y artes finales de una agencia de publicidad y tiene que revisar los valores densitométricos de un pliego de impresión. ¿Qué haría?

SOLUCIÓN

Para cerciorarse de los correctos valores densitométricos del pliego de impresión, se procedería a la medición con un densitómetro de los valores de densidad, contraste, equilibrio de grises y balance de color.

4. Control de textos

Para conseguir un resultado de calidad óptimo en los impresos, un aspecto importante a tener en cuenta es la fase de control y revisión de los textos contenidos en los mismos. Es posible diferenciar dos fases de control: una fase de revisión de las tipografías utilizadas y sus características o limitaciones de reproducción y otra fase de revisión de erratas en los textos, dos fases que determinarán el resultado de calidad una vez finalizado el proceso de producción del impreso.

4.1. Revisión de textos mediante marcas de corrección

Por revisión se entiende el proceso consistente en detectar sobre originales los errores que aparecen en el texto, pudiendo diferenciar tres tipos o niveles de revisión en el siguiente orden:

■ **Revisión de concepto:** consiste en revisar los textos para detectar errores en cuanto a la terminología específica y la adecuación al tema tratado, así como la actualización del mismo. La revisión de concepto debe ser realizada por un especialista en la materia tratada con altos conocimientos en el área que trata la obra al que se le denomina corrector de concepto. Su función consiste en la lectura atenta de los textos atendiendo a la terminología, adecuación del lenguaje y al fondo del asunto. Las revisiones de concepto se aplican en obras con temáticas técnicas, científicas, traducciones o similares y deben ser realizadas sobre los originales para poder subsanar los errores en las etapas previas a la impresión.

- **Revisión de estilo:** la revisión de estilo debe ser realizada por un filólogo y consiste en detectar los errores léxicos y gramaticales que puedan aparecer en los textos.

- **Revisión ortográfica:** consiste en la revisión de la ortografía y las tipografías empleadas, así como en la disposición de los textos y su adecuación a cada apartado. Esta operación la realiza un corrector tipográfico, que debe ser un técnico cualificado de preimpresión con altos conocimientos ortotipográficos.

Marcas de corrección sobre originales impresos

Durante la revisión de texto de originales impresos, se insertan marcas o signos de corrección estandarizados y anotaciones claras y concisas que mejoran la obra y facilitan la corrección del proceso de edición.

 Sabía que...

Los signos de corrección son anteriores a la invención de la imprenta, ya que los primeros correctores de manuscritos los crearon para corregir el trabajo de los copistas.

Los signos de corrección que se aplicarán en el marcado son aquellos signos normalizados y recogidos en la norma UNE 54-052-74, que permiten señalar el emplazamiento de la errata y la operación de corrección pertinente de una manera limpia y eficaz. Cada signo tiene un solo significado, perfectamente conocido por correctores y preimpresores, así como por otras personas directamente relacionadas con la imprenta, como editores, escritores y traductores.

Estos signos se pueden clasificar en:

- **Llamadas:** signos que se utilizan para marcar la ubicación del defecto o error. La norma UNE recoge varios, que se usan en función de lo que se deba señalar: defectos en letras, en espaciados, en palabras, en frases o en párrafos enteros.
- **Signos o enmiendas:** signos convencionales que indican la operación a realizar en el lugar señalado mediante la llamada.
- **Señales:** señales se indican sobre el texto y no es necesario marcarlas al margen.

Marcas de corrección sobre originales digitales

En la actualidad, la competitividad entre las empresas, el ahorro de papel, el teletrabajo y la preocupación por la productividad desembocan en necesidades que agudizan el ingenio empresarial y se desarrollan flujos de trabajo de revisión mucho más competitivos que los sistemas de revisión convencionales sobre originales impresos.

Tener que imprimir, hasta varias veces, cientos de páginas de originales para una revisión, tenerlas que enviar al corrector con el consiguiente gasto y pérdida de tiempo y la ilegibilidad en ocasiones de las correcciones, entre otros defectos, han promovido que las empresas editoriales se declinen cada vez más por flujos de trabajo digitales de revisión de originales, con mejores resultados que los convencionales.

Existe gran variedad de aplicaciones o herramientas con las que crear un flujo de trabajo digital de revisión de originales, como por ejemplo la herramienta notas de *Adobe indesign* que se hace con la herramienta Texto, haga clic donde desee colocar la nota y seleccione **Texto → Notas → Nueva nota,** también se puede hacer con *Adobe InCopy* en el cuadro de diálogo Usuario de InCopy **(Archivo → Usuario).**

Por ser el formato digital de intercambio de archivos gráficos más extendido en el mundo, se tratará el formato PDF y su aplicación *Adobe Acrobat* en cada una de sus versiones *Reader, Standard* y *Professional.* A continuación, se enumeran algunas de las ventajas que ofrecen estas aplicaciones para trabajar con flujos de trabajo digitales de revisión y comentarios:

- PDF, un formato digital totalmente normalizado y accesible.
- Un solo original digital en PDF para su revisión por una o varias personas, con posibilidad de asignar jerarquías para rectificaciones entre revisores.
- Introducción de firma digital por parte de los revisores.
- Distribución del original mediante correo electrónico o acceso a servidores en la nube, en los que los revisores pueden hacer revisiones simultáneas sobre el mismo original.
- Total legibilidad y comprensión de las revisiones.
- *Software Adobe Acrobat Reader* de distribución gratuita.

Como puede verse, los avances tecnológicos facilitan la tarea a autores, revisores, editores e imprentas. A continuación, se enumeran algunas de las herramientas de revisión disponibles en *Acrobat:*

- **Nota adhesiva:** agrega una nota adhesiva en la ubicación del texto seleccionado.
- **Edición de texto:** esta herramienta dispone de las opciones sustituir el texto, resaltar, agregar, insertar, subrayar y tachar.
- **Herramienta sello:** se pueden insertar sellos para definir una aprobación, un borrador, una firma, etc.
- **Subrayar texto:** para destacar alguna palabra, frase o párrafo.
- **Llamadas:** notas textuales con flechas a una ubicación determinada.
- **Notas de texto:** notas textuales que es posible incluir en el documento.
- **Herramientas de dibujo:** para seleccionar, remarcar, señalar e incluso marcar el texto con el sistema de marcado convencional de la norma UNE 54-052-74.

Cada una de las marcas realizada está asignada a un revisor y guarda la fecha y hora de su creación. Además, *Acrobat* proporciona distintas visualizaciones de las revisiones para facilitar la labor de los correctores.

Nota

Las nuevas herramientas de revisión digitales harán que poco a poco se dejen de utilizar las convencionales, más aún con la proliferación de libros electrónicos y publicaciones digitales.

Aplicación práctica

Trabaja en el departamento de corrección de una editorial y debe realizar la corrección a un original en PDF que ha enviado un cliente. ¿Cómo realizaría el trabajo?

SOLUCIÓN

Como el original se lo han entregado en formato digital, se procederá a la revisión en la aplicación *Adobe Acrobat* y su herramienta de revisión y comentarios para, una vez finalizada, enviarla al cliente para que realice las correcciones marcadas.

4.2. Revisión de las tipografías observando posibles fallos de reproducción

Las tipografías son elemento esencial en un producto impreso. La correcta aplicación de las tipografías en un documento digital es una fase clave para obtener un producto impreso de calidad con las condiciones establecidas. La labor de revisar la correcta utilización de las tipografías en un proyecto digital de un producto impreso corresponde a personal cualificado de preimpresión.

Ante lo positivo de disponer de la gran oferta de tipografías gratuitas o no que ofrece el mercado, se presenta una problemática en la preparación de artes finales para sistemas de impresión. La gran oferta tipográfica y la calidad de las fundiciones de las que provienen son un aspecto determinante para obtener un resultado de calidad en el producto impreso. Los problemas de reproducción de tipografías son habituales en los sistemas de filmación previos a la impresión o en los sistemas de impresión directa y vienen dados por la ausencia de calidad en la fase de creación de las tipografías.

En la actualidad, se puede trabajar con tres formatos de tipografías, cada uno con sus características, ventajas e inconvenientes. A continuación, se detalla cada uno de ellos para facilitar la revisión y detección de posibles fallos en la reproducción de los originales.

Tipografías Tipo 1 o postscript

Es un formato de fuentes creado por Adobe Systems a principios de 1980 para utilizarse con impresoras de alta resolución *postscript.* Su tamaño de archivo es más pequeño que las fuentes TrueType, por lo que ocupan menos espacio en el disco duro y facilitan la incrustación de la fuente en un arte final.

Son tipografías de contorno, están diseñadas con curvas Bézier y están basadas en el lenguaje de descripción de página más extendido en impresoras y sistemas de filmación, que es el *postscript,* por lo que resultan escalables a cualquier tamaño y no entrañan fallos en su reproducción. Su legibilidad es buena en cualquier plataforma y en la impresión, incluso cuando se imprime en impresoras láser de baja resolución.

Las tipografías PostScript Tipo 1 habitualmente son usadas en entornos de edición profesional y son compatibles con los dispositivos de salida de alta resolución con lenguaje de descripción de páginas *postscript.*

Una tipografía Type 1 la componen dos archivos, uno que contiene la información de los contornos vectoriales y otro que contiene los datos métricos, información de impresora e información de pantalla respectivamente. La ausencia o el error de la información de impresora es lo que produce fallos en la reproducción de las tipografías.

Tipografías TrueType

Desarrolladas por Apple a finales de 1980 para competir con las Type 1 de Adobe, al igual que estas, son un formato estándar de tipografías escalables que utilizan trazos vectoriales para describir sus caracteres. Además, se pueden utilizar en plataformas MAC y PC y su almacenamiento en el sistema operativo es de un solo archivo que almacena la tipografía al completo.

La principal problemática con las tipografías TrueType a la hora de imprimir en un sistema de salida de alta resolución *postscript* es que puede generar errores de forma. Un método para solucionarlo, pero nada práctico, es convertir los caracteres a contornos vectoriales antes de enviarlo al sistema de salida de alta resolución, pero existen aplicaciones que aplican filtros de comprobaciones *(preflight)* que detectan y en algunos casos solucionan estos errores.

Tipografías OpenType

Es un formato de fuentes desarrollado por Microsoft con la colaboración de Adobe y la incorporación de su tecnología *postscript.* Fue desarrollado a finales de 1990 para ser el sucesor de los formatos Type 1 y TrueType.

Es un formato multiplataforma. El mismo archivo OpenType funciona en MAC y PC y mezcla las tecnologías de las tipografías TrueType y Type 1, además de poder contener en una sola tipografía hasta 65.536 glifos y propiedades tipográficas avanzadas, como ligaduras de caracteres, mayúsculas en caja baja, etc.

Por las ventajas que ofrecen las tipografías OpenType, la simplicidad a la hora de gestionar las fuentes en las publicaciones y la ausencia de errores en los sistemas de filmación o impresión, el formato de fuentes OpenType puede establecerse como determinante para obtener óptimos resultados en los productos impresos.

Comprobación de las tipografías *(preflight)*

La comprobación o *preflight* es un chequeo de control previo a la impresión de un proyecto en el que se testea que los parámetros que se deben cumplir para imprimir en un sistema de impresión determinado y obtener un producto acorde a las condiciones de calidad establecidas están todos correctamente configurados.

 Nota

Los problemas con las tipografías se han solucionado notablemente con la utilización del formato PDF y sus estándares PDF/X para la entrega del arte final en la imprenta. Los estándares PDF/X realizan un prechequeo de las tipografías al crear el archivo y, si no cumplen las características necesarias para su impresión en sistemas de alta resolución, emiten un error de aviso y no generan el PDF, teniendo que solventarse el error para la correcta creación del PDF/X.

Siempre se han realizado comprobaciones sobre originales antes de imprimir, pero con sistemas analógicos era una tarea bastante laboriosa que hoy día, con los sistemas digitales y mediante las aplicaciones de *preflight* y las posibilidades de personalizar perfiles propios de comprobación, se pueden detectar e incluso solucionar problemas sobre los propios artes finales en PDF enviados por el cliente sin necesidad de tener que solicitar los documentos nativos con los que realizó el proyecto para solventar las deficiencias técnicas.

Existen numerosas aplicaciones de *preflight* en el mercado, como *Adobe Acrobat Pro, Enfocus Pitstop Pro* o las implementadas en los flujos de trabajo de filmación, como *Apogee* de Agfa, *Prinect* de Hartman y *Prinergy* de Kodac, entre otros.

En la herramienta disponible en *Adobe Acrobat Pro* para la comprobación de los artes finales en PDF, se encuentran diferenciados tres apartados: uno de perfiles de comprobación y reparación predeterminados e incluso normalizado ISO, otro de herramientas de comprobación individuales y un tercero de reparaciones individuales.

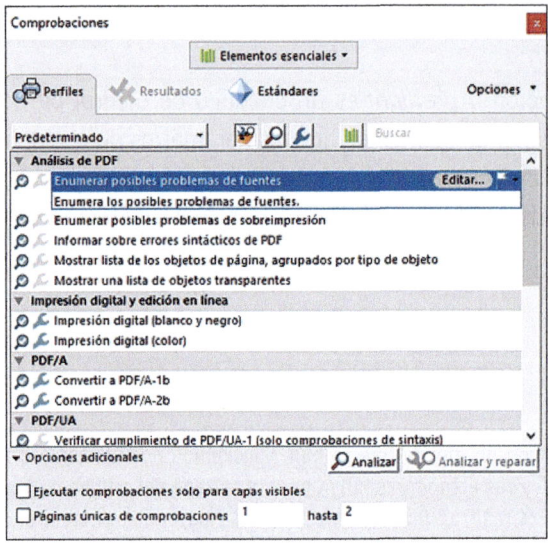

Opciones del panel de comprobaciones de Adobe Acrobat Pro

A continuación, se detallan las herramientas disponibles en *Acrobat Pro* para la detección y resolución de problemas relacionados con las tipografías:

- **El texto blanco no está configurado para cubrir:** esta comprobación muestra una lista de los objetos de texto que utilizan blanco. Los objetos blancos nunca deben sobreimprimir, porque desaparecerían al imprimir.
- **El texto menor de 15 puntos utiliza negro enriquecido:** los objetos de texto pequeño utilizan negro y al menos un canal cian, magenta o amarillo es distinto de cero. En los textos de pequeño tamaño, la sobreimpresión de tintas resulta un problema de registro al imprimir.
- **Mostrar una lista de texto que usa Courier dentro de *TrimBox/BleedBox:*** la tipografía Courier es la que por defecto aparece cuando una fuente ocasiona un error y no se reproduce. Esta comprobación chequea si aparece esta tipografía dentro del documento.
- **Objetos de texto:** informa de todos los objetos de texto que contiene el documento. En ocasiones, una caja de texto vacía que el diseñador o maquetador ha dejado olvidada en el proyecto produce errores de filmación.
- **Fuente no incrustada (y modo de representación de texto invisible):** para asegurarse de que se muestran correctamente todos los caracteres en un PDF, todas las fuentes requeridas deberían incrustarse en un archivo PDF.

Algunos estándares ISO basados en PDF establecen que todas las fuentes usadas en el texto estén incrustadas a menos que el texto use el modo de representación de texto invisible.

- **El texto es menor de 5 puntos:** identifica texto muy pequeño con un tamaño menor de 5 p. Puede resultar difícil imprimir texto pequeño en el proceso de impresión seleccionado.
- **El texto usa un estilo de contorno artificial:** muestra en una lista todos los objetos de texto que utilizan estilo de contorno artificial o falta negrita.
- **El texto usa un estilo de cursiva artificial:** muestra en una lista todos los objetos de texto que utilizan estilo de cursiva artificial.
- **El texto usa un estilo de negrita artificial:** muestra en una lista todos los objetos de texto que utilizan estilo de negrita artificial.
- **Texto usado como trazado de recorte:** muestra en una lista todos los objetos de texto que se usan como trazado de recorte.

5. Resumen

Se ha visto que, para la correcta obtención de un producto impreso con las condiciones establecidas, hay que tener conocimientos técnicos de los materiales que se utilizarán y todos los procesos que se le aplicarán al mismo. Aun así, no se deben dejar de aplicar puntos de inspección en cada uno de los procesos que se aplican en producción, ya que un error de formato, de sangrado, tipográfico o de calidad de reproducción, entre otros, pueden dañar el producto e imposibilitar su entrega al cliente, teniendo que solventar el problema y asumir los costes de la reimpresión.

El formato del producto es un punto de inspección importante a controlar, no solo en la prueba impresa, sino anteriormente (debe comprobarse en el documento nativo o prueba digital en pantalla que las dimensiones son las establecidas). Igualmente ocurre con los elementos sangrados incluidos en el diseño, en los que hay que revisar la correcta aplicación del margen de sangrado del proyecto digital para prevenir errores estéticos en el producto impreso final.

Las marcas de pliego aportan información técnica al personal que interviene en la producción del producto impreso, por lo que la inserción y correcta aplicación de marcas de corte, plegado, registro, barras de color, barras de exposición, de alzado, de texto, etc., influyen de manera directa en el resultado de calidad del producto impreso.

Obtener un producto impreso con el resultado cromático establecido es fundamental para la satisfacción del cliente y para el fin con el que se ha diseñado. La revisión densitométrica de la barra de color del pliego de impresión para comprobar que los valores son correctos y homogéneos en todos los impresos es un punto de inspección inalterable en la fase de impresión.

La correcta aplicación de la ortografía, las tipografías y la forma de los textos contenidos en el producto también son de especial importancia para obtener un producto de calidad. Su revisión es indispensable en el proceso de control de calidad.

Ejercicios de repaso y autoevaluación

1. **De las siguientes afirmaciones, diga cuál es verdadera o falsa.**

    a. Como norma, se aplicarán 3 mm de margen de sangrado.

        ☐ Verdadero
        ☐ Falso

    b. El margen de sangrado solo se aplicará en los laterales del impreso que tengan elementos al borde.

        ☐ Verdadero
        ☐ Falso

    c. Siempre se aplicará margen de sangrado a los documentos, aunque no tengan ningún elemento en el borde.

        ☐ Verdadero
        ☐ Falso

2. **¿Es posible realizar una imposición ajustando el margen de sangre a 2 mm?, ¿en qué situaciones?**

    _____
    _____
    _____
    _____
    _____
    _____
    _____

3. **El dispositivo para medir la densidad de los parches de la barra de color en el pliego es:**

    a. Cuentahílos
    b. Aro guía
    c. Densitómetro
    d. Todas las opciones son incorrectas.

4. ¿En la imposición del pliego de impresión que marcas se situarán en la zona del margen de pinzas o arrastre?

_____

_____

5. Indique cuál de los siguientes no corresponde a plegados de impresos.

    a. Díptico
    b. Media cuña
    c. Zigzag, fuelle o acordeón
    d. Todas las opciones son incorrectas.

6. ¿Cómo se realiza un plegado oblicuo a un impreso?

    a. En una plegadora.
    b. En la propia máquina de impresión.
    c. De manera manual por personal de postimpresión.
    d. Todas las opciones son incorrectas.

7. ¿En qué tipo de marca del pliego de impresión se detectará un mal registro de impresión?

_____

_____

8. De las siguientes afirmaciones, diga cuál es verdadera o falsa.

    a. Para revisar el formato o las dimensiones de un impreso, una prueba de ferro o de contrato es la opción correcta.

        ☐ Verdadero
        ☐ Falso

    b. Una prueba de ferro es fiel a la reproducción del color del original.

        ☐ Verdadero
        ☐ Falso

c. Una prueba de pantalla de un original *(screen proof)* es mucho más costosa que una prueba de contrato impresa en un plotter linealizado, calibrado y certificado.

☐ Verdadero
☐ Falso

9. ¿Qué tipo de marca del pliego de impresión se utilizará para comprobar la densidad, el contraste, el equilibrio de grises y el balance de color?

_____

_____

10. Indique los distintos tipos o niveles de revisión de textos en un original. ¿En cuál de esas fases se revisará la disposición y adecuación de los textos a su apartado correspondiente?

_____

_____

_____

_____

11. ¿Es conveniente utilizar textos menores de 15 p con rellenos que utilizan más de un canal CMYK? ¿por qué?

_____

_____

12. ¿Sobre qué tipo de original el proceso de revisión es más productivo?

a. En originales impresos.
b. En originales digitales.
c. Es indiferente.
d. Todas las opciones son incorrectas.

13. **Para medir el *trapping* o aceptación de las tintas, ¿qué parches de la tira de control se deben medir con el densitómetro?**

    a. Parches con 100 % de tinta de cada color CMYK.
    b. Parches rojo, verde y azul donde sobreimprimen M+Y,C+Y y M+C.
    c. Los parches con forma de *trapping*.
    d. Todas las opciones son incorrectas.

14. **De las siguientes afirmaciones, diga cuál es verdadera o falsa.**

    a. La tira de control se coloca en la entrada a máquina del pliego de impresión y perpendicular a la dirección de máquina o de impresión.

        ☐ Verdadero
        ☐ Falso

    b. La tira de control se puede colocar en el margen de pinzas o arraste.

        ☐ Verdadero
        ☐ Falso

    c. La tira de control no es un elemento imprescindible para la medición de los valores densitométricos.

        ☐ Verdadero
        ☐ Falso

15. **¿Qué tipos de marcas de pliego o plegado se pueden encontrar en un pliego de impresión?**

_____

_____

_____

_____

Capítulo 2

Corrección de originales y creación del arte final

Contenido

1. Introducción

La variedad de sistemas de impresión que existen y las nuevas tecnologías que se desarrollan en torno a la impresión hacen que la creación de un arte final requiera un alto nivel de cualificación y conocimientos de las características técnicas de los sistemas de impresión, así como de soportes, tintas y procesos de postimpresión. Las aplicaciones de diseño implementan herramientas de comprobación de documentos para impresión con perfiles de comprobación predeterminados y configurables que facilitan la tarea de preparación del arte final.

En las imprentas, la normalización de la entrega de archivos ha sido siempre un tema de gran importancia. La mayoría de los errores en los impresos son producidos por desconocimiento por parte del diseñador de cuestiones de gestión de imágenes, gestión de tipografías, composición de plegados o problemas de sangrado, entre otras. Antes de existir las aplicaciones digitales de comprobaciones, los errores en los proyectos digitales los detectaba el preimpresor, un trabajo complejo por la extensión de algunos impresos, y en ocasiones se producían errores en la filmación o se detectaban durante la impresión, ocasionando gastos de producción y pérdida de tiempo.

Hoy día, los flujos de trabajo de preimpresión realizan puntos de inspección para la comprobación del arte final del original enviado por el cliente para su impresión mediante aplicaciones de *preflight* que, además de detectar los errores, en ocasiones los solucionan sin interferir en la fabricación del impreso. En otras ocasiones, el preimpresor realiza las correcciones sobre los originales o, si no es posible, se pone en contacto con el cliente para darles solución.

2. Creación de un perfil de salida según las características del proyecto

Las aplicaciones de diseño, en sus nuevas versiones, implementan cada vez más herramientas de comprobación de documentos para su salida impresa, como previsualización de separaciones, valores de reventado, comprobaciones o previsualización de acoplamiento de transparencias, herramientas hasta hace muy poco solo utilizadas por preimpresores.

En la aplicación *Adobe InDesign,* una de las aplicaciones de diseño, maquetación y composición de originales más usada, hay disponible una potente herramienta de comprobación preliminar de documentos para impresión en la que se puede configurar la detección de los errores más comunes y arreglarlos antes de la creación del arte final en PDF. La herramienta de comprobación preliminar ofrece la posibilidad de activar un perfil predeterminado básico con una configuración básica, configurar un perfil personalizado, importar y exportar perfiles e incluso incrustar los perfiles de comprobación en otros documentos y así compartir dichos perfiles entre imprentas, editoriales y estudios de diseño.

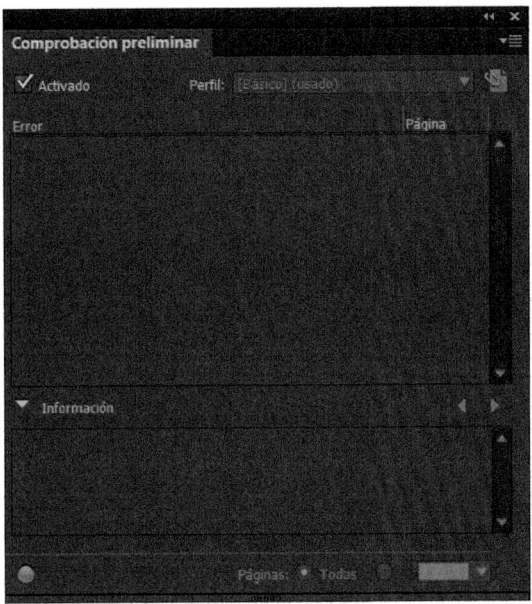

Panel de la herramienta Comprobación preliminar en InDesign

Los perfiles de comprobación deben estar configurados para las necesidades de un sistema de impresión concreto, debiendo configurar tantos perfiles como necesidades se planteen a la hora de imprimir proyectos. Así pues, si se realizan diseños para flexografía y *offset* para su impresión a color (CMYK), se necesitará un perfil de comprobación adecuado para cada sistema e incluso para cada máquina de un mismo sistema de impresión, ya que a veces las necesidades técnicas varían según la maquinaria utilizada. Para la impresión en blanco y negro o CMYK con tintas planas, también se necesitarán perfiles específicos.

2.1. Creación de un perfil de comprobación preliminar

A continuación, se enumeran y explican las opciones existentes para la creación de perfiles de salida en la herramienta **Comprobación preliminar** implementada en *Adobe InDesign* desde su versión CS4.

Vínculos

Los vínculos, también llamados enlaces, son las imágenes en mapa de bits, los objetos vectoriales o los PDF colocados en el documento para componer su diseño. Estos vínculos aparecen en el diseño del documento en modo previsualización, lo que quiere decir que, si se coloca una fotografía, *InDesign* no la incrusta en el documento, sino que guarda la ruta o directorio donde se encuentra la imagen en el equipo y cuando se exporta el proyecto a PDF para realizar el arte final la incrusta en el PDF. Si por algún motivo se perdiera la ruta o directorio de la imagen, no podría crearse el PDF con la imagen en alta resolución y habría que solucionar el problema de vinculación para continuar con el proceso de creación del arte final en PDF.

InDesign y otras aplicaciones de diseño permiten la incrustación de los vínculos, pero es una opción que se utiliza en contadas ocasiones, ya que, al incrustar imágenes, vectores o PDF, aumenta el tamaño del documento, ocasionando problemas de ralentización del equipo y posibles errores en el documento.

 Nota

En la actualidad, las empresas de impresión reciben el arte final de los originales para impresión en formato normalizado PDF/X.

La familia de normas ISO 15930 regulan el intercambio de archivos gráficos en PDF/X aptos para impresión.

La normalización de entrega de archivos a las empresas de impresión ha sido beneficiosa en cuanto a los problemas de recepción de artes finales y errores de impresión.

En la opción **Vínculos** de la herramienta **Comprobación preliminar,** se pueden configurar las siguientes opciones:

- **Vínculos no disponibles o modificados:** esta opción se marcará en el perfil si se quiere que *InDesign* alerte cuando se ha perdido el directorio o ruta de un vínculo o ha tenido alguna variación desde que se colocó en el diseño.
- **Vínculos URL inaccesibles:** los vínculos URL, como su nombre indica, están almacenados en la nube. *InDesign* alertará cuando no pueda acceder a dicho vínculo por falta de conexión a internet en el equipo o por modificación de la dirección http que accede al mismo.
- **Vínculos OPI:** el sistema OPI *(Open Prepress Interface)* permite diseñar, maquetar o componer un proyecto con imágenes en baja resolución que ocupan poco espacio en disco, facilitando y acelerando el proceso. Las imágenes OPI, una vez finalizado el proyecto digital, se sustituyen por sus originales en alta resolución durante la creación del PDF o, en otras ocasiones, en el ripeado del flujo de trabajo de preimpresión. Esta opción alertará de la existencia de vínculos OPI en el documento y de su estado.

 Actividades

1. Instale *Adobe InDesign* en su equipo. A continuación, cree un documento cualquiera, pero que tenga la opción Calidad en Imprimir. Para descargar una versión de prueba, visite www.adobe.com.
2. Despliegue el panel Comprobación preliminar del menú Ventana/Salida y cree un nuevo perfil de comprobaciones llamado Mi Perfil.
3. En el apartado General, inserte la descripción: este perfil es para una impresión *offset* CMYK más una tinta plana.

Color

En este apartado, se encontrarán filtros que detectan errores relacionados con la reproducción del color del proyecto. A continuación, se enumeran y explican los distintos filtros disponibles:

- **Espacio de fusión de transparencia necesario:** el efecto de transparencia entre dos o varios objetos del diseño genera mezclas o fusiones de colores que se han de convertir a un espacio cromático definido CMYK o RGB. En *InDesign,* en la opción del menú **Edición, Espacio de fusión de transparencia,** se debe seleccionar la opción que convenga: CMYK para impresiones convencionales donde todos los elementos del documento están convertidos a CMYK, y así se envía el arte final a impresión, o RGB para proyectos donde se utiliza el espacio RBG con perfiles de color incrustado y la conversión a CMYK la realiza el flujo de trabajo de preimpresión. Esta opción de la comprobación permite filtrar los proyectos por su espacio de fusión de transparencia CMYK o RGB según las características de gestión de color establecidas para el proyecto.

- **Placas cian, magenta y amarilla no permitidas:** este filtro detecta si algún elemento del diseño utiliza alguna tinta que no sea negro (K). Los proyectos que se imprimen a una tinta, blanco y negro o escala de grises no deben contener ningún elemento (imagen, vector, etc.) que utilice cian, magenta y amarillo (CMY), ya que podría desaparecer en la impresión o no obtenerse los resultados esperados.

- **Espacios de color y modos no permitidos:** este filtro alerta de la presencia de algún objeto con un espacio cromático inapropiado para la correcta impresión del proyecto. Las opciones disponibles son **RGB, CMYK, Tinta plana, Gris** y **Lab.** Con ellas, es posible detectar que un documento utiliza una tinta distinta a CMYK (tinta plana), que un elemento está en modo CMYK, RGB, Lab o escala de grises. En la configuración del perfil, se seleccionarán las opciones que se necesiten según las características del proyecto.

- **Configuración de tinta plana:** esta opción de la configuración del perfil de comprobaciones permite establecer un número máximo de utilización de canales de tintas planas en el documento y alerta con un error si no se cumple lo configurado. Además, se puede establecer si las tintas planas que utiliza el documento están definidas con valores Lab o sus equivalentes en CMYK.

- **Sobreimpresión aplicada en *InDesign:*** la sobreimpresión es la acción de superponer elementos del diseño resultando en la impresión el solapamiento de sus colores o tintas. *InDesign* permite controlar la sobreimpresión de un objeto mediante su opción **Atributos del menú → Ventana** y este filtro alerta de los objetos a los que se les ha aplicado tal atributo.

Es recomendable, antes de preparar el arte final para impresión, supervisar el resultado de los elementos del diseño que sobreimprimen en pantalla para no obtener resultados inesperados.

- **Sobreimpresión aplicada sobre blanco o color:** este filtro alerta si algún elemento del proyecto blanco o de color tiene aplicado el atributo de sobreimpresión. En los sistemas de impresión donde no se utiliza la tinta blanca, como por ejemplo el *offset,* los objetos blancos sobreimpresos en la impresión desaparecen y cualquier otro elemento de color con el atributo de sobreimpresión activado puede desencadenar un resultado inesperado en la impresión. En cambio, en sistemas de impresión donde se utilizan tintas cubrientes u opacas, como en flexografía, serigrafía o tampografía, sí es común el uso de elementos blancos con sobreimpresión activa. *InDesign* no permite aplicarle a un objeto blanco sobreimpresión, pero sí que es posible encontrar vínculos o enlaces que traigan aplicada la opción de sobreimpresión, por ejemplo en imágenes vectoriales provenientes de *FreeHand, Corel Draw* o *Illustrator.*

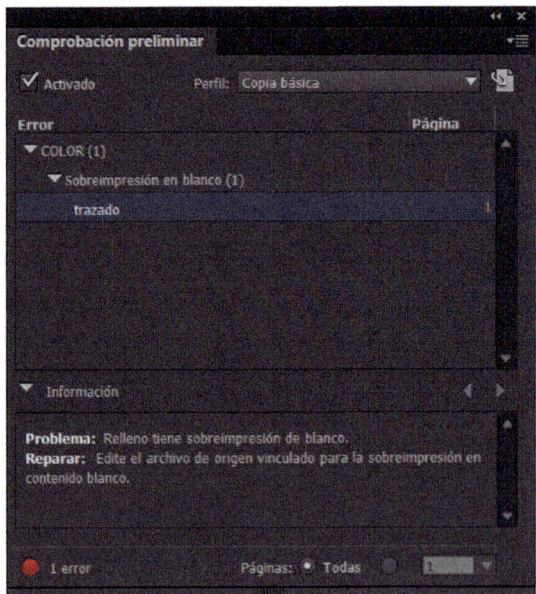

Reproducción del error de la sobreimpresión aplicada a un objeto blanco en un vínculo

- **[Registro] aplicado:** el color registro está compuesto por las cuatro tintas CMYK y el resultado aparente en pantalla es negro, por lo que este filtro emite un aviso cuando algún elemento tiene aplicado en su relleno o trazo el color registro.

Actividades

4. Configure en Mi perfil del panel de comprobación preliminar los siguientes parámetros:

  ı En Vínculos, active las opciones necesarias para detectar vínculos no disponibles o modificados, enlaces no disponibles y vínculos OPI.

5. A continuación, active filtros para detectar en los proyectos:

  ı Que el espacio de fusión de transparencia necesario sea CMYK.
  ı Como el proyecto será para impresión *offset* CMYK más una tinta plana, configurará las opciones necesarias para detectar cualquier discrepancia.

6. Ahora, active un filtro para detectar sobreimpresión aplicada sobre objetos blancos o color [Papel] y otro para que alerte de posibles objetos con color [Registro].

Imágenes y objetos

En este apartado, se encontrarán filtros que detectan errores relacionados con las imágenes y objetos contenidos en el proyecto:

- **Resolución de imagen:** la comprobación de la resolución de las imágenes es crucial para la obtención del impreso con las condiciones establecidas. Un impreso con imágenes píxeladas o de baja calidad puede ser motivo de devolución del trabajo por parte del cliente. En este filtro, se puede configurar las resoluciones mínimas y máximas para las imágenes a color, en escala de grises e imágenes de 1 bit independientemente. Los valores mínimos y máximos estarán determinados por el sistema de impresión que se vaya a utilizar y, por supuesto, las condiciones de calidad establecidas con el cliente. Por ejemplo, para imprimir en *offset* las imágenes a color y escala de grises, podrán estar en un intervalo entre 250 y 600 píxeles por pulgada, siendo la norma 300 píxeles por pulgada y, para las imágenes de 1 bit, entre 800 y 2.000 píxeles por pulgada, en el caso de las publicaciones digitales como *e-books* la norma son 72 píxeles por pulgada, ya que no necesita mucha calidad para ver en una pantalla. Los valores máximos son para limitar en lo posible que las artes finales ocupen demasiado espacio en disco, lo que puede provocar errores de ripeado o filmación por colapso del flujo de trabajo.

- **Escala del objeto colocado no proporcional:** este filtro emite un error cuando algún elemento del diseño no cumple sus proporciones reales. Esto se debe a un despiste al aumentar o reducir las dimensiones de los elementos sin guardar sus proporciones reales mientras se diseñan o maquetan los proyectos.
- **Usa transparencia:** es un aviso que se debe configurar para, antes de crear el arte final, comprobar los resultados de acoplamiento de las transparencias en imágenes.
- **Perfil ICC de la imagen:** detecta imágenes con perfiles de color ICC incrustados y cualquier modificación sobre dicho perfil.
- **Modificaciones de visibilidad de capa:** detecta si existe alguna capa en el documento con la opción de visibilidad desactivada.

 ## Actividades

7. Añada los siguientes parámetros de configuración a Mi perfil: Configure la resolución de imagen teniendo en cuenta que la resolución máxima de imagen en color será de 450 ppp (píxeles por pulgada) y la resolución mínima de imagen en color 250 ppp, para la resolución máxima de imagen en escala de grises 450 ppp y mínima 250 ppp y para resolución máxima de imagen de 1 bit 1800 ppp y mínima 600 ppp.
8. Active los filtros para detectar objetos no proporcionales en el proyecto y detectar cambios de visibilidad de capa para detectar posibles objetos extraviados en el proyecto.

- **Grosor de trazo mínimo:** ocurre con frecuencia que en pantalla las líneas de grosores inferiores a 0,1 puntos son visibles, pero es un efecto pantalla, el equipo muestra la línea por poco grosor que esta tenga. En publicaciones con contenido arquitectónico, con planos vectoriales provenientes de aplicaciones de dibujo técnico vectorial, es común que sucedan este tipo de problemas (las líneas se visualizan en pantalla, pero al imprimir desaparecen). Este problema viene dado por grosores de líneas muy finos, inferiores a 0,1 p, que no son reproducibles en impresión. Este filtro permite establecer un grosor mínimo de línea, según el sistema de impresión sea capaz de reproducir, y detecta este tipo de trazos de grosores tan finos. También es posible limitar el filtro a líneas con colores compuestos por varias tintas CMYK y blancas.

- **Elementos interactivos:** los elementos interactivos que es posible incluir en un documento con *InDesign* son vídeos, objetos animados, botones, clips de audio y objetos con varios estados. Estos elementos son totalmente incompatibles con los sistemas de impresión físicos, por lo que se deben eliminar antes de crear el arte final. Este filtro detecta cualquier elemento con interactividad.

- **Problema sangrado/corte:** permite establecer un margen de seguridad desde el corte del proyecto hacia dentro para no colocar elementos muy pegados al borde, pero no a sangre, que haya peligro que se corten en guillotina. También detecta elementos muy pegados al lomo de las publicaciones con páginas enfrentadas o para encuadernar.

- **Elementos de página ocultos:** detecta elementos con el atributo de **No imprimible** activado. La opción del menú **Ventana** → **Atributos** → **No Imprimible** se utiliza por ejemplo para publicaciones que se editan en formato digital e impreso. A los botones o elementos interactivos se les activa la opción **No imprimible** para no tener problemas de incompatibilidades en la impresión.

Actividades

9. Añada los siguientes parámetros de configuración a Mi perfil:

ı Active el filtro para detectar en el proyecto trazos de grosor inferior a 0,2 p.
ı Active el filtro para impedir que el documento contenga elementos interactivos.
ı Active el filtro para detectar cualquier objeto oculto en el proyecto.

Texto

En este apartado, se encontrarán filtros que detectan errores relacionados con los textos y las tipografías:

- **Texto desbordado:** esta opción alerta de la posibilidad de existir en el documento un elemento contenedor de texto que oculta parte del texto contenido. Los elementos contenedores de texto como cajas de texto, tablas, contornos de trazados y áreas de trazados pueden no mostrar el texto contenido al completo por falta de espacio. Cuando sucede esto, en el elemento de texto destaca una cruz roja que alerta de la existencia de texto desbordado. Este filtro detecta cualquier elemento de texto con texto desbordado.
- **Modificaciones de estilos de párrafo y carácter:** al aplicar un estilo de párrafo a un párrafo o un estilo de carácter a uno o varios caracteres, se aplican una serie de atributos de texto previamente establecidos en la configuración de los estilos de párrafo o carácter. Si algún texto por modificación o error en maquetación perdiera alguno de los atributos aplicados con el estilo o se le aplicaran nuevos, al seleccionar ese texto modificado con la herramienta de texto aparecerá una cruz en el estilo del panel de estilo, advirtiendo de que el estilo no está aplicado correctamente al texto. Este filtro detecta cualquier texto que no cumpla los atributos configurados en el estilo que tenga aplicado y permite ignorar la detección de los atributos de fuente, idioma, *kerning* o *tracking* y color.

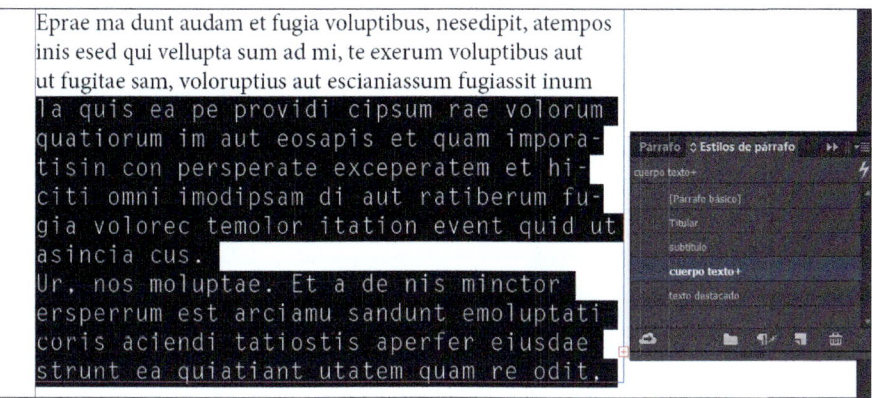

Reproducción de un texto con los atributos modificados respecto a los configurados en su estilo de párrafo

- **Fuente no disponible:** para crear un arte final es indispensable tener instaladas o activas mediante el gestor de tipografías todas las usadas en el proyecto. No se podrá crear un arte final si no están las tipografías disponibles y contienen la información para su impresión en dispositivos de alta resolución. Este filtro advierte de cualquier tipografía que utilice el documento y no esté disponible en el equipo.
- **Pictograma no disponible:** al igual que la opción anterior, este filtro advierte de que no está disponible la tipografía usada para representar el pictograma o de que dicho símbolo carece de la información de impresión en alta resolución.

Actividades

10. Añada los siguientes parámetros de configuración a Mi perfil para configurar alertas y filtros de detección de errores con el texto.

   ı Active el filtro necesario para detectar en el proyecto texto desbordado.
   ı Para cerciorarse de que los estilos de párrafo y carácter están correctamente aplicados, active los filtros necesarios para que ningún texto no cumpla los atributos establecidos en su estilo de párrafo o carácter.

Continúa en página siguiente >>

<< Viene de página anterior

∎ La ausencia de alguna tipografía no permite la creación de un arte final. Active los filtros necesarios para la detección de errores de ausencia de tipografías o pictogramas.

- **La revisión ortográfica dinámica detecta errores:** *InDesing* o cualquier otro programa de maquetación o edición de textos está provisto de un corrector ortográfico dinámico que detecta errores en el texto. Si se trabaja con esta opción activa, este filtro alertará de posibles errores ortográficos en los textos del proyecto.
- **Tipos de fuente no permitidos:** ante la variedad de formatos de fuentes y las características de cada uno, este filtro permite detectar formatos de fuentes que generen en el flujo de trabajo problemas de impresión y así poder reemplazar por formatos compatibles.
- **Escala de texto no proporcional:** emite un error cuando algún texto o carácter no cumple las proporciones establecidas en el juego de caracteres de la familia tipográfica. Esto se debe a modificar los valores de escala horizontal o vertical en los textos.
- **Tamaño mínimo de texto:** la utilización de tamaños de tipografías excesivamente pequeños en los diseños provoca que, al imprimir, los ojos de los caracteres se cierren y se dificulte, además de por el pequeño tamaño, la lectura del texto. También es necesario incluir que, si el texto es negro en sobreimpresión, no presenta más problemas que los descritos anteriormente, pero, si el texto es de color compuesto por más de un canal CMYK, dificultará el registro de impresión que, dependiendo de la superficie del soporte utilizado, puede mejorar un poco las condiciones si la superficie es satinada o incluso empeorarlas si el soporte es más poroso, como el papel *offset* o prensa. Este filtro permite establecer un tamaño mínimo al texto incluido en el proyecto que se establecerá según las condiciones de calidad del sistema de impresión.

La elección de la tipografía y su tamaño deben ser previamente estudiados según las características del proyecto y el público al que va dirigido. Es normal ver publicidad impresa mientras se va en coche y, en ocasiones, la tipografía utilizada no es legible por su morfología o es demasiado pequeña para su lectura desde un vehículo, no cumpliéndose la finalidad con la que ha sido creado el producto.

- **Referencias cruzadas:** una referencia cruzada es un hipervínculo que enlaza un texto del proyecto a otro texto o página en el mismo proyecto, una URL, un archivo o un correo electrónico. Este filtro permite detectar un hipervínculo en el documento y si la referencia es correcta o no.

- **Se imprimirán los indicadores de texto condicional:** el texto condicional se utiliza para poder variar de una forma fácil y productiva un dato en el texto, que puede presentarse de distintas maneras según necesidades del producto. Un ejemplo de texto condicional podrían ser los precios de un catálogo de moda de distribución internacional donde el diseño del catálogo es común y, según el país de distribución, se activa el texto condicional correspondiente al importe y la moneda de dicho país para cada artículo. Este filtro detecta si el documento contiene y si se mostrarán en impresión los indicadores de texto condicional.

- **Variable de pie de ilustración sin resolver:** en una ilustración, se puede insertar un texto variable como pie de ilustración aplicándole unos márgenes y estilo de texto. A partir de los metadatos de la imagen, se puede insertar como variable el nombre del archivo, la descripción, la fecha de creación, el autor, entre otras muchas variables más. Este filtro permite detectar cuando una variable no puede obtener el metadato de la imagen porque en esta no está definido, por lo que habría un error en el texto del pie de ilustración de la imagen.

- **No se respeta la configuración Expandir columnas:** la posibilidad de partir un párrafo en varias columnas o expandir un párrafo entre varias columnas sin modificar los párrafos, la distribución de los párrafos anteriores o posteriores y la estructura de cajas de texto dispuestas en el diseño del documento es la opción que se puede encontrar en programas de maquetación avanzada (en *InDesign* se encuentra en la opción **Expandir).** Este filtro detecta cualquier error de aplicación sobre un párrafo de la opción **Expandir columnas** de *InDesign.*

- **Cambio realizado:** *InDesign* contiene herramientas para la revisión y corrección de los originales, desde el panel **Control de cambios,** es posible controlar las revisiones marcadas por los distintos correctores, los cambios realizados y los que están pendientes de realizar. Este filtro detecta correcciones no realizadas o cambios no aceptados o conformes.

Actividades

11. Añada los siguientes parámetros de configuración a Mi perfil para configurar alertas y filtros de detección de errores con el texto:

  ı Hay que cerciorarse de que el filtro alertará de cualquier posible error ortográfico en el proyecto.
  ı Establezca en el perfil la detección de objetos de texto no proporcionales para detectar deformaciones en los textos.
  ı Los textos de tamaño inferior a 5 p son de difícil reproducción en *offset,* por lo que se configurará en el perfil una alerta para textos inferiores a ese tamaño.
  ı Active la detección de enlace roto con su referencia a los metadatos en el caso de que existan pies de ilustración automáticos activos.
  ı Establezca un filtro para la detección de textos expandidos en columnas.

Documento

Este apartado permite configurar perfiles de detección relacionados con el formato, la orientación y las páginas del proyecto:

- **Tamaño de página y orientación:** permite establecer unas medidas y orientación al documento. El filtro emitiría un error si las dimensiones y orientación no son las establecidas.
- **Número de páginas necesario:** permite establecer un número de páginas al documento. El filtro emitiría un error si el número de páginas del documento no es el establecido.
- **Páginas en blanco:** detecta si alguna página del documento está en blanco o solo contiene los elementos de la página maestra. Este filtro se podría utilizar para comprobar que todas las páginas de una revista tienen contenidos.
- **Configuración de sangrado y anotaciones:** con este filtro se puede establecer un margen de sangrado o de indicaciones máximo, mínimo o exacto, para así establecer una norma en el sangrado del proyecto.
- **Todas las páginas deben tener el mismo tamaño y la misma orientación:** imprimir publicaciones con páginas de distinto tamaño y orientación

implica realizar prototipos y estudios de encuadernación, plegado y corte previos a la impresión del producto. Este filtro alerta de la existencia de páginas con distintos tamaños y orientaciones en el proyecto.

 Actividades

12. Añada los siguientes parámetros de configuración a Mi perfil para terminar de crear su perfil de comprobación personalizado para proyectos de impresión en *offset* CMYK más una tinta plana:

   ▪ Establezca un filtro para detectar en el proyecto la ausencia de un margen de sangrado exacto de 3 mm por todos los laterales del impreso.
   ▪ Establezca un filtro para detectar páginas con distintas orientación o tamaño dentro del mismo documento.
   ▪ Enhorabuena, una vez realizados estos pasos, ha creado su primer perfil de comprobación. Guárdelo, le hará falta.

3. Corrección en relación al formato

La adaptación del proyecto a las características técnicas del sistema de reproducción son determinantes para obtener unos costes y condiciones de calidad acordes a las establecidas para el proyecto. Cuestiones como el formato del proyecto o la resolución serán decisivas para la elección del sistema de impresión, así como las especificaciones necesarias del sistema de impresión para el control de la reproducción del color, el registro de impresión o la correcta aplicación de las marcas de impresión en el pliego para aplicar los procesos de acabado, como el guillotinado o el plegado.

3.1. Adaptación del formato al tamaño, resolución y sistema de reproducción del proyecto

En cada uno de los sistemas de impresión existentes, es posible encontrar distintos tamaños de máquina que permiten la impresión de variedad de tamaños de pliegos. También hay variedad en la calidad de reproducción de los sistemas, así como en sus diferentes máquinas. Adaptar el proyecto a las especificaciones técnicas del sistema de reproducción y a la máquina en concreto, ayudará a conseguir unas condiciones de calidad y productividad óptimas en la obtención del producto.

Adaptación del formato

En el proceso previo al diseño digital del producto impreso, se han de tener en cuenta una serie de parámetros para la elección de las dimensiones del mismo. La finalidad del impreso y a qué público va dirigido son cuestiones determinantes que hay que hacerse para obtener las condiciones de calidad establecidas para el producto.

Además del formato y la calidad de reproducción, para conseguir un producto ajustado a los costes de su fabricación, hay que tener en cuenta que ajustar las dimensiones de un producto impreso a una norma como la DIN ISO 216 proporciona ventajas, además de por la normalización internacional del formato, por ahorro de costes producidos por el máximo aprovechamiento del soporte o papel, ya que, al igual que están estandarizados los formados DIN serie A, B, o C, existen otras normas, utilizadas por los fabricantes de papel, que están ajustadas a los formatos de las máquinas y a los formatos DIN, permitiendo con sus proporciones la repetición de varios modelos DIN con el sobrante justo para introducir marcas en el pliego de impresión y los márgenes de arrastre o pinzas de las máquinas, consiguiendo así un ahorro considerable en el sobrante o desperdicio de los pliegos de impresión.

	DIN Serie A	DIN Serie B	DIN Serie C
0	841 × 1189	1000 × 1414	917 × 1297
1	594 × 841	707 × 1000	648 × 917
2	420 × 594	500 × 707	458 × 648
3	297 × 420	353 × 500	324 × 458
4	210 × 297	250 × 353	229 × 324

Continúa en página siguiente >>

<< Viene de página anterior

	DIN Serie A	DIN Serie B	DIN Serie C
5	148 × 210	176 × 250	162 × 229
6	105 × 148	125 × 176	114 × 162
7	74 × 105	88 × 125	81 × 114
8	52 × 74	62 × 88	57 × 81
9	37 × 52	44 × 62	40 × 57
10	26 × 37	31 × 44	28 × 40

Formatos estándar DIN ISO 216 en milímetros

720 x 1020
700 x 1000
650 x 900
630 x 880
520 x 700
450 x 640
430 x 610
320 x 450

*Formatos estándar de
fabricación de papel
en milímetros*

La elección del tamaño de la máquina para la impresión de un producto viene dada por una de las siguientes necesidades:

- **Por dimensiones:** para la impresión de un producto de grandes dimensiones, como por ejemplo la publicidad para exteriores, se necesitará una impresora de gran formato y, para la impresión de tarjetas de visita, habría que ajustarse a un formato de impresión más pequeño.
- **Productivas:** se utiliza maquinaria de grandes dimensiones para la impresión de varios originales a la vez, que consiste en la repetición de un mismo modelo del original tantas veces como sea posible en el mismo pliego de impresión, lo que comúnmente se conoce como producción

múltiple. Con este sistema, se reducen los tiempos de impresión, mejorando así la productividad.

Sabía que...

En internet, han proliferado los negocios *online* de servicios de impresión que ofertan productos con precios bastante competitivos.

Estos negocios utilizan máquinas de gran formato donde combinan en producción múltiple los trabajos de todo el potencial de clientes que facilita internet, por lo que consigue imprimir con costes muy reducidos y ofertar precios muy competitivos al mercado.

Pliego de impresión 700 x 1.000 mm con 8 páginas en formato DIN A4 y marcas de impresión

Actividades

13. ¿Cuántas tarjetas de visita formato 85 x 55 mm se podrían introducir en un pliego de impresión 320 x 450 mm?
14. ¿Se puede realizar la imposición completa de una revista de 32 páginas en formato A5 utilizando la cara y el dorso de un pliego 700 x 1.000 mm?
15. ¿Cuántos folletos tamaño 200 x 200 mm se podrían imponer en un pliego de impresión 650 x 900mm?

Determinar el formato de un original implica primero tener en cuenta la finalidad a la que está destinada el producto y, ateniéndose a estas limitaciones, se podría, tratando el formato como las dimensiones finales del impreso y el tamaño como las dimensiones a las que el dispositivo permite imprimir, determinar el formato final adaptándose al tamaño de impresión y ajustar el formato del impreso a las posibilidades que ofrezca el tamaño de impresión, ampliar las dimensiones del impreso o reducirlas para realizar una producción múltiple y ahorrar en costes, siempre ateniéndose a unas dimensiones acordes a la finalidad con la que ha sido creado el impreso.

Adaptación de la resolución al sistema de reproducción

Como resolución, se entiende la calidad de representación de una imagen expresada en puntos o líneas/pulgada (lpi o dpi respectivamente) para productos impresos y expresada en píxeles/pulgada para imágenes en formato digital.

Adaptar la resolución de los elementos de imagen de un proyecto de diseño a la capacidad de reproducción del sistema de impresión es necesario por dos motivos principales:

■ **Adaptar calidad a capacidad de reproducción:** para obtener los resultados de calidad de reproducción establecidos para el impreso, las imágenes deben tener una resolución acorde a la capacidad de reproducción del sistema de impresión. Como ejemplo, se puede decir que la resolución necesaria en píxeles/pulgada para una imagen que se imprimirá en el sistema *offset* con trama estocástica de 200 puntos/pulgada debe ser aproximadamente de 400 píxeles/pulgada para aprovechar al máximo la calidad de reproducción de impresión del sistema.

- **Resolución ni en exceso ni en defecto:** se adaptará la resolución de las imágenes ateniéndose a las necesidades, al soporte y al sistema de impresión del proyecto. Un exceso de resolución en las imágenes aumenta innecesariamente el peso o tamaño en KB del archivo, ocupando mayor espacio en el disco duro y produciéndose mayores tiempos de procesado e impresión. En cambio, una imagen con resolución insuficiente para el tamaño y el sistema de impresión producirá resultados de pixelado y mala reproducción de la imagen.

3.2. Corrección o implementación del sangrado

Como se ha visto en apartados anteriores, el margen de sangrado es indispensable para la impresión de proyectos con imágenes o mancha de tinta pegada al borde del formato final. A continuación, se detallará la implantación o la corrección del margen de sangrado.

Implementación del sangrado

La implementación del margen de sangrado y la correcta colocación de los elementos a sangre, 3 mm por el exterior del formato final, en la fase de creación digital del proyecto, son necesarias para la correcta creación del arte final y para el proceso de impresión y guillotinado. Se ha de poner especial cuidado al colocar los objetos sangrados, que sobresalgan 3 mm por el exterior del formato final. Para ello, se tendrá la referencia de la línea guía que delimita el margen de sangrado por el exterior del documento, que previamente se ha configurado con 3 mm de margen en los ajustes de configuración del documento o en la creación del mismo.

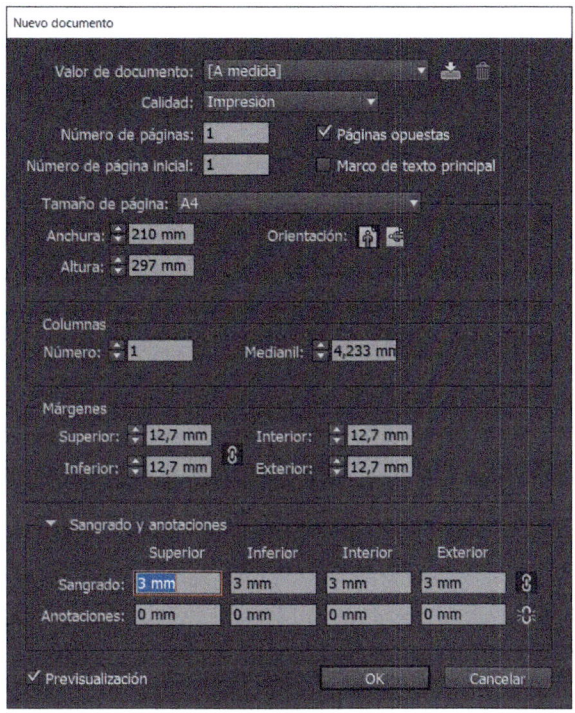

Implementación del margen de sangrado en la creación de un nuevo documento

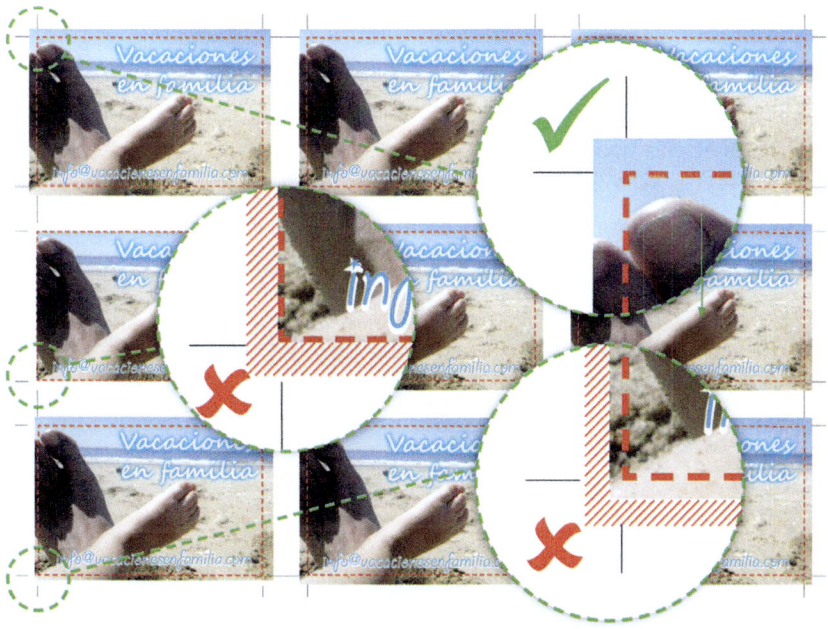

Ejemplo de colocación correcta e incorrectas de un elemento sangrado

Corrección del sangrado

La corrección de un proyecto sin margen de sangre o con elementos in-correctamente sangrados puede llevarse a cabo por medio de dos procesos distintos: en el documento nativo donde se ha diseñado el proyecto o en el arte final en PDF. Siempre que sea posible la corrección del sangrado en el docu-mento nativo, será preferible por facilidad y rapidez, pero, en ocasiones, esta corrección se realiza en el departamento de preimpresión de una imprenta y no se dispone del documento nativo, por lo que se realiza directamente sobre el arte final en PDF.

Adobe Acrobat Pro dispone de la herramienta **Retocar objeto** en el panel de herramientas de **Edición Avanzada,** con la que se pueden realizar correcciones sobre la página u objeto a corregir desde la propia aplicación o editando la página o el objeto en *Adobe Illustrator,* que permite la edición de un PDF como si de un documento EPS se tratase. También existen extensiones para *Adobe Acrobat Pro,* como *PitStop*, que igualmente facilitan la tarea de corrección sobre el sangrado.

El proceso de corrección del sangrado sobre un arte final en PDF constaría de dos fases:

- Una primera fase de **implementación del área o margen de sangrado al PDF:** si el arte final careciera de margen de sangrado, se procedería con la herramienta Recortar páginas contenida en el panel de Producción de impresión y se adicionaría el margen de sangrado (Bleebox) a las medidas del documento. Para solventar el problema desde el documento nativo de diseño, se volverá a crear el PDF/X estandarizado del arte final, incluyendo el margen de sangrado para que en el PDF vayan definidos el Bleedbox y el Trimbox, el formato final más la sangre y el formato final, respectivamente.

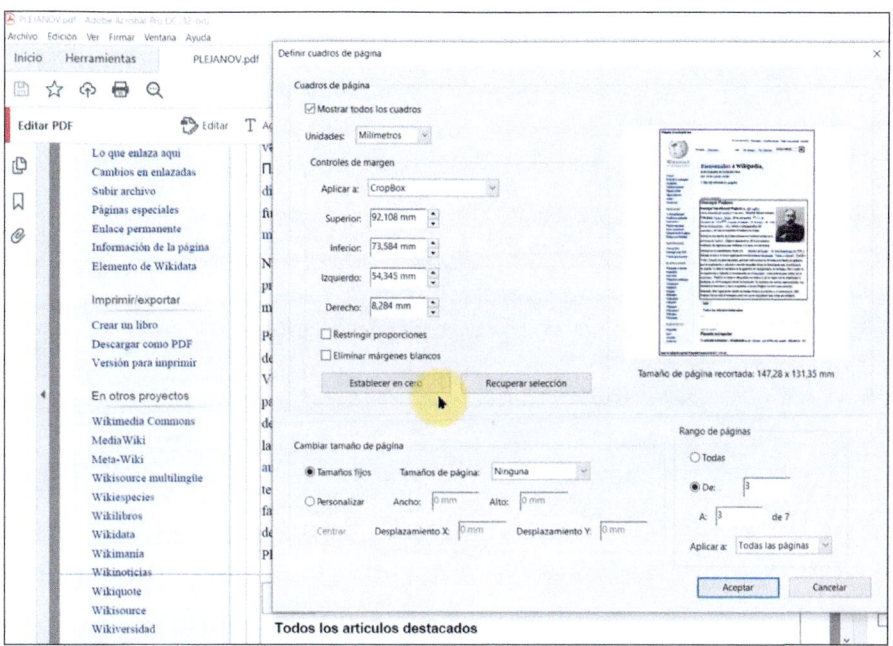

Ejemplo de implementación del margen de sangrado con la herramienta Recortar páginas del panel Producción de impresión en Adobe Acrobat Pro

■ Una segunda fase de **sangrar los elementos situados al borde del formato final:** con la herramienta **Retocar objeto,** se seleccionaría el objeto y se ampliaría o desplazaría, según convenga en el diseño, al margen de sangrado, 3 mm al exterior del formato final del proyecto. Esta puede ser, según el tipo de proyecto y el número de errores, una tarea laboriosa.

La utilización de *Illustrator* para la corrección de elementos sin sangrado dependerá del grado de dificultad que se encuentre en *Acrobat. Illustrator* ofrece mayor número de herramientas para realizar correcciones, pero, según el tipo de proyecto y el número de errores, puede resultar una tarea muy laboriosa, por lo que, siempre que sea posible, para correcciones muy extensas, se realizarán en el documento nativo del diseño y se creará de nuevo el arte final en PDF.

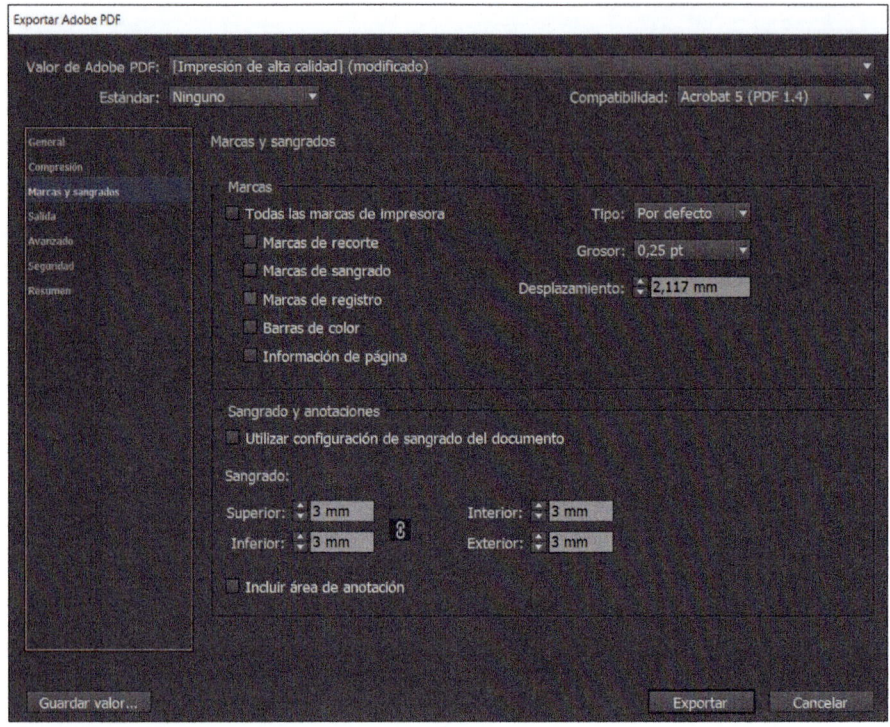

Panel de ajustes de marcas y sangrados al guardar un documento en PDF con Adobe Illustrator

 ## Actividades

16. Desde una aplicación de diseño como *InDesign, Illustrator, Corel*, etc., realice un diseño de ejemplo en formato A4 con elementos a sangre y exporte el arte final a PDF con su correspondiente margen de sangre.

    Vuelva a crear el mismo diseño, pero no aplique margen de sangre al PDF del arte final y solucione el problema de sangrado desde la aplicación *Adobe Acrobat Pro.*

    Nota: puede descargar de internet una versión de prueba de las aplicaciones nombradas para realizar las actividades.

 **Aplicación práctica**

Desde una aplicación de diseño como *InDesign, Illustrator, Corel,* etc., realice un diseño de ejemplo en formato A4 con elementos a sangre y exporte el arte final a PDF con su correspondiente margen de sangre.

Vuelva a crear el mismo diseño, pero no aplique margen de sangre al PDF del arte final y solucione el problema de sangrado desde la aplicación *Adobe Acrobat Pro.*

Nota: puede descargar de internet una versión de prueba de las aplicaciones nombradas para realizar las actividades.

SOLUCIÓN

Si la revista tuviera menos páginas o pocos elementos colocados a sangre, se realizarían las correcciones con la ayuda de las herramientas Recortar páginas y Retocar objeto disponibles en *Adobe Acrobat Pro.*

Como es de 64 páginas, la opción correcta para la corrección de la misma, teniendo en cuenta los costes de producción, sería solicitar al cliente el documento nativo del diseño con las imágenes y fuentes que utilice para realizar la corrección al proyecto desde la aplicación de diseño. Una vez realizada, se crearía de nuevo el arte final en PDF con el margen de sangrado correcto.

3.3. Corrección o implementación de marcas de corte

La implementación de las marcas de corte al arte final del proyecto se realiza en el proceso de imposición, normalmente en una aplicación de imposición electrónica, ya que, en ocasiones, también se pueden añadir marcas de corte y realizar imposiciones en aplicaciones como *CorelDraw, FreeHand, Illustrator* o *InDesign* por motivos de versatilidad.

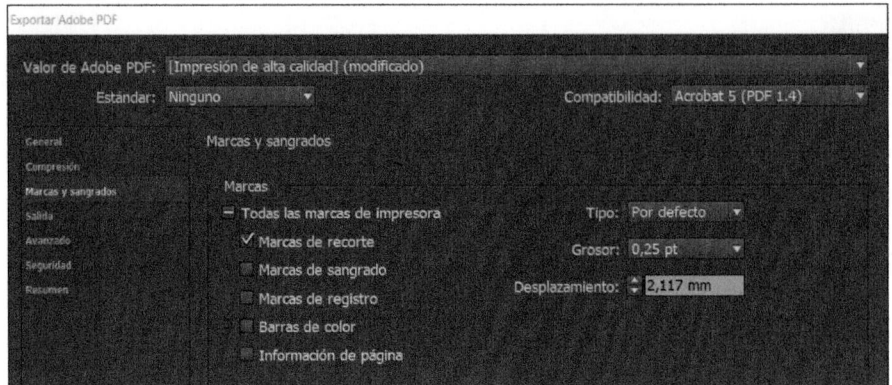

Implementación de las marcas de corte al exportar el documento en PDF con Adobe Indesign

En algunos sistemas de impresión en los que no se suelen realizar imposiciones complejas y, por lo tanto, no es común el uso de aplicaciones de imposición electrónica como la impresión con *plotter* o máquinas digitales, se realiza el proceso de inserción de marcas de corte desde la propia aplicación de diseño o con *Adobe Acrobat* sobre el arte final en PDF en un proceso previo a la impresión. Para proceder a la corrección de algún error en las marcas de corte insertadas en la aplicación de diseño o *Acrobat,* se volverá a repetir la operación para solventar el problema.

La corrección de un posible error en las marcas de corte en una imposición realizada por una aplicación electrónica se realizará en la misma aplicación con la que se han añadido, pudiendo editarlas o eliminarlas para crear nuevas marcas y solventar el problema.

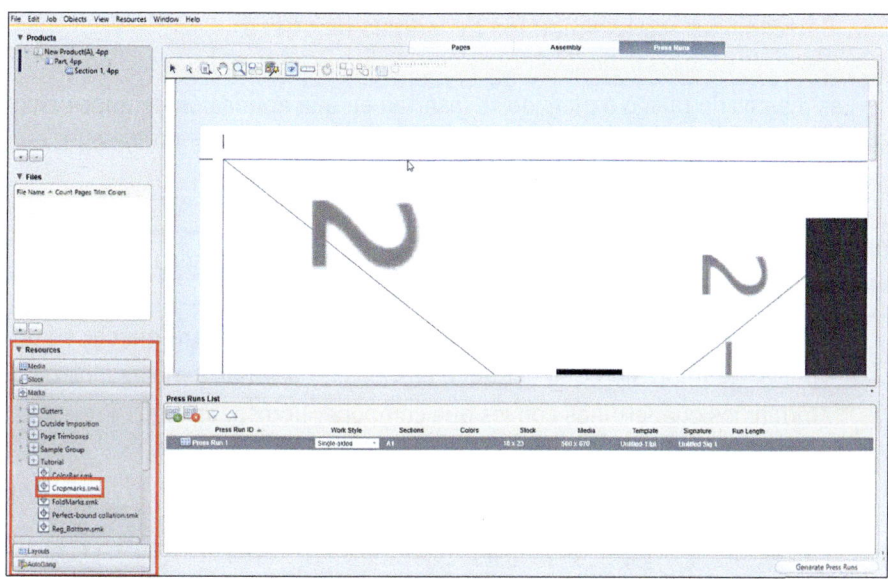

Detalle de las marcas de corte (cropmarks) implementadas en la aplicación de imposición electrónica Preps 10 de Kodak

En el caso de recibirse en un departamento de preimpresión un PDF de un arte final con las marcas de corte insertadas en el documento nativo o en *Adobe Acrobat* que interfieran de alguna manera en el proceso de imposición y adición de nuevas marcas de corte por el personal de preimpresión en una aplicación de imposición electrónica, se lleva a cabo un proceso de corrección eliminando las marcas de corte, recortando el proyecto al formato final del impreso más el margen de sangre *(Bleebox)* o al formato final *(Trimbox)* si no se necesitara margen de sangrado, con la herramienta **Recortar,** o se eliminan seleccionándolas y borrándolas utilizando la herramienta **Retocar objeto** desde *Acrobat.*

Actividades

17. Cree el arte final en PDF de un diseño de ejemplo e inserte desde *Acrobat* las líneas de corte.

3.4. Corrección o implementación de marcas de pliego

Las marcas de pliego o plegado se insertan en una aplicación de imposición electrónica, en el proceso de imposición del arte final previo a filmación e impresión. Es posible encontrar dos tipos de marcas de plegado:

- **Marcas de plegado de impresos:** delimitan los plegados en folletos, como dípticos, trípticos y polípticos.
- **Marcas de plegado de pliegos:** se utilizan como guía para marcar en un pliego de impresión que contiene casados de páginas los plegados para formar los cuadernillos con los que componer libros, catálogos y revistas.

Marca de plegado

Marca de plegado de un tríptico con Adobe Illustrator

En ocasiones, para delimitar plegados de un folleto en el documento nativo se inserta un margen de indicaciones donde el diseñador puede insertar información de cortes y plegados mediante líneas continuas o discontinuas respectivamente para que, en el proceso posterior de creación del arte final en PDF, se incluya ese margen de indicaciones y se recepcione en la imprenta con la información.

La implementación de las marcas de plegado en una aplicación de imposición electrónica se realiza de modo similar a las líneas de corte, por medio de la herramienta de inserción de marcas seleccionando **FoldMarks.**

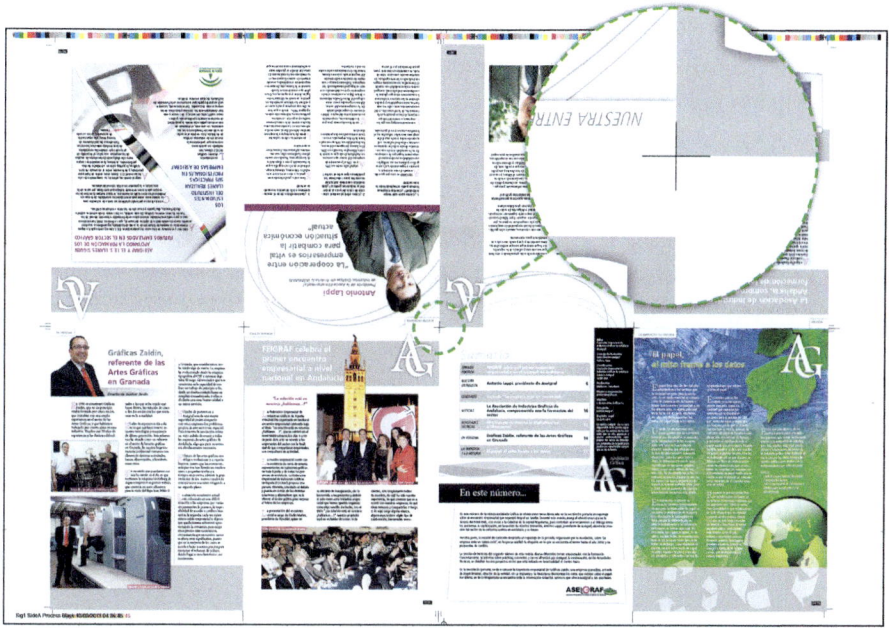

Detalle de las marcas de pliego o plegado de pliegos en una imposición realizada en la aplicación de imposición electrónica Preps 10 de Kodak

3.5. Corrección o implementación de marcas de registro y otras marcas específicas

Al igual que las marcas de corte y plegado, las marcas de registro y otras marcas específicas se insertan en el proceso de imposición del arte final previo a la filmación e impresión. Se pueden insertar en el arte final desde una aplicación de diseño, pero esta opción solo se utiliza para proyectos que serán impresos en *plotter* o impresión digital. En otros sistemas de impresión con imposiciones más complejas, se utilizan aplicaciones de imposición electrónica en la que se insertan las marcas de registro de impresión y otras marcas, como la barra de control densitométrico, entre otras.

Para corregir cualquier error de las marcas insertadas en el pliego desde una aplicación de diseño, se procederá a rehacer el arte final partiendo del documento nativo con la corrección realizada. Si no se dispone del documento nativo, se solventaría el error en el arte final en PDF, en el que se realizarían las correcciones con la herramienta **Retocar objeto** o **Agregar marcas de impresora** de la aplicación *Adobe Acrobat Pro.* Esta misma corrección también se puede realizar con la extensión de herramientas de preimpresión *PitStop* de *Enfocus* para la misma aplicación *Acrobat*.

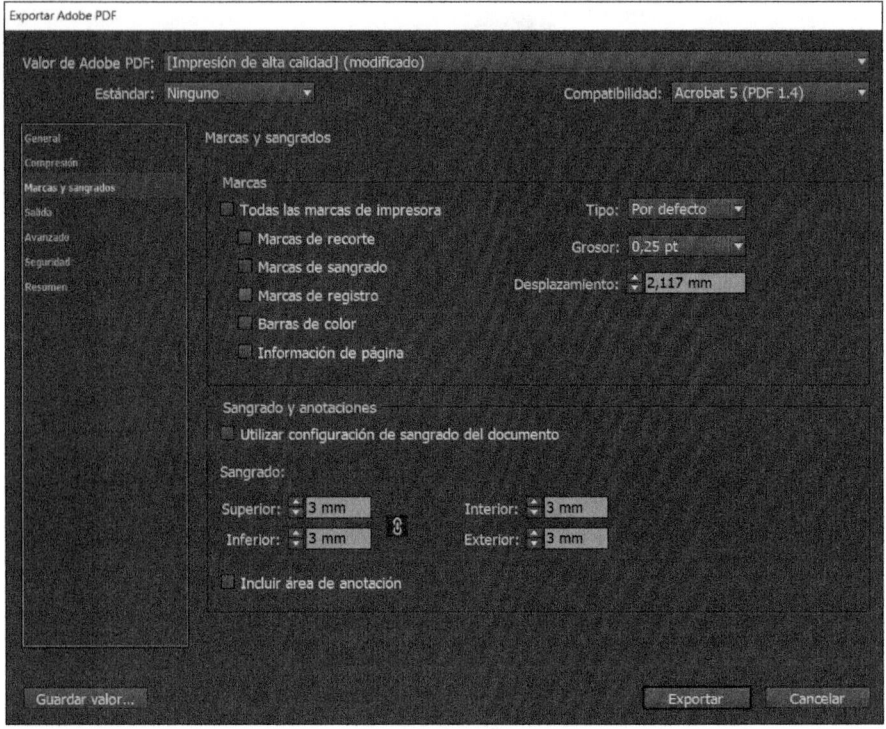

Detalle del menú de configuración Guardar como → PDF y la opción para la inserción de las marcas de Adobe Illustrator

La corrección de algún error en las marcas dispuestas en un pliego de impresión desde una aplicación de imposición electrónica se realiza partiendo del documento nativo de la imposición y, en la misma aplicación, eliminando, editando las marcas a corregir o insertando marcas nuevas para volver a crear la imposición para filmación o impresión.

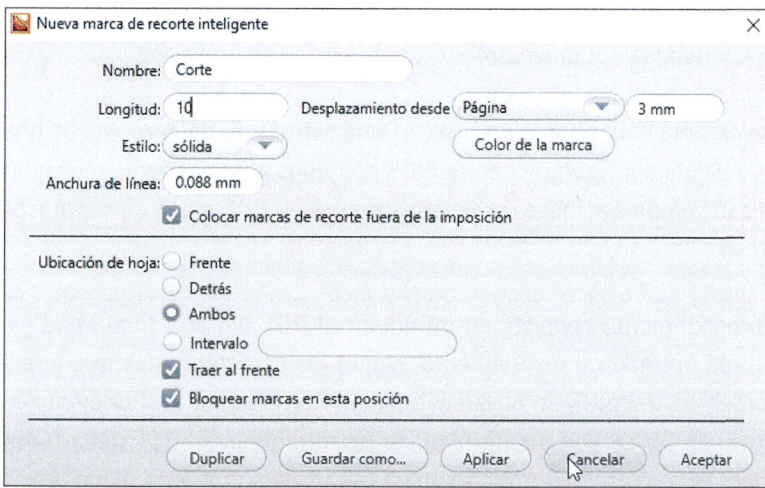

Menú disponible en Preps 10 para insertar marcas personalizadas en la imposición

Actividades

18. Partiendo de un proyecto de ejemplo desde una aplicación de diseño, expórtelo a PDF incluyendo marcas de corte, marcas de registro y barra de color.

3.6. Imposición del arte final con un *software* de imposición electrónica

Para realizar la impresión de un arte final, previamente en el departamento de preimpresión hay que realizar una imposición donde se disponga el arte final en el pliego de impresión con las condiciones necesarias de cómo se producirá el impreso, teniendo en cuenta el máximo ahorro del soporte y la mayor productividad en la impresión y procesos de acabado.

Una vez recibido el arte final en PDF en el departamento de preimpresión, se procede a realizar una serie de comprobaciones *(preflight)*. La comprobación se realiza en un flujo de trabajo automatizado mediante carpetas calientes *(HotFolders)* con perfiles predeterminados según el tipo de trabajo (similares al que se ha realizado en el apartado de creación de un perfil de salida según las características del proyecto).

Una carpeta caliente o *HotFolder* es una estructura de carpetas de entrada, errores y salida configuradas entre ellas con unas automatizaciones en las que se realizan comprobaciones de las artes finales en PDF antes de ser procesadas e impresas.

El procedimiento consiste en introducir el PDF del arte final en la carpeta caliente de entrada correspondiente, según las características que aparezcan en la orden de trabajo y se hayan establecido con el cliente. Por ejemplo, para un trabajo en CMYK con una tinta plana, se introducirá el PDF del arte final en la carpeta caliente predeterminada para CMYK más una tinta plana, la carpeta caliente comprobará si se cumple el número de tintas del documento, así como los demás parámetros configurados en el perfil y emitirá un error si algo no es correcto o enviará el PDF del arte final a otra carpeta denominada **Salida** con el PDF listo para procesar e imprimir. En cambio, para un trabajo en CMYK, se introducirá el PDF del arte final en la carpeta predeterminada para trabajos que irán impresos en cuatricromía para que detecte cualquier tinta plana que exista en el PDF automáticamente y emita un error o traslade el PDF a la carpeta **Salida** si todo está correcto. La cantidad de perfiles de comprobación o carpetas calientes y sus variantes vendrá determinada por el parque de maquinaria existente en el taller de impresión, las cualidades de cada máquina y los tipos de trabajos recepcionados.

Una vez chequeado el arte final en PDF en el departamento de preimpresión, se procede a la disposición de las páginas del arte final en el pliego de impresión, también llamada imposición electrónica (lo que, anteriormente, en el proceso analógico se denominaba montaje).

Existe gran variedad de aplicaciones de imposición electrónica, siendo las más conocidas:

- *Quite Imposing Plus*, extensión para *Abobe Acrobat*.
- *Imposition*, extensión para *QuarkxPress* o *InDesign*.
- *Apogee Impose*, implementada en el flujo de trabajo de Agfa.
- *Signastation*, implementada en el flujo de trabajo de Hartman.

- *FlatWorker,* implementada en el flujo de trabajo de Screen.
- *Fiery Impose,* aplicación de imposición de Efi.
- *Preps,* aplicación de imposición de Kodak.
- *ArtPro,* de Esko Graphics.
- Las implementadas en aplicaciones de diseño como *CorelDraw* o *InDesing.*

Imposición electrónica con Preps 10 de Kodak

Preps de Kodak es una de las aplicaciones de imposición electrónica más extendidas que ofrece soluciones para complejos trabajos de imposición. Se detallarán los principales pasos para realizar unos ejemplos de imposición electrónica con su versión 10.

Para la creación de una imposición, hay que que dirigirse al menú **Archivo** y seleccionar la opción **Nuevo.** Posteriormente, se seleccionará en el panel **Productos** el nuevo producto creado y, en el panel **Propiedades del producto,** se procederá a completar la información del trabajo, además de seleccionar el estilo de encuadernación, los colores planificados y las partes del proyecto. A continuación, se enumeran y detallan cada uno de los estilos de encuadernación que es posible seleccionar:

- **Trabajo de placa:** se seleccionará esta opción para proyectos que no lleven encuadernación, como tarjetas, carteles, folletos, etc.
- **Encuadernado sin cosido:** para proyectos con encuadernación compuesta por cuadernillos alzados, como libros y catálogos.
- **Cosido a galápago:** para proyectos con encuadernación a caballete o embuchada, como revistas y periódicos con y sin cosido con grapa.
- **De ida y vuelta:** esta opción mejora la productividad por combinar dos productos encuadernados en el mismo pliego, duplicando así la producción en impresión y en los acabados, realizando el proceso de plegado y encuadernación también en doble producción para, por último, con un proceso de guillotinado, conseguir dos productos encuadernados.
- **Cortar y apilar:** para libros con encuadernación en la que las páginas quedan pegadas al lomo del libro con cola como rústica fresada, encolado a la americana o rústica PUR. Las páginas se disponen de manera que, al terminar la impresión y guillotinar, colocando una posteta apilada sobre otra, la paginación del libro queda correcta.

- **Mixta:** cuando al producto se le aplique más de un estilo de encuadernación.

Una vez seleccionado el estilo de encuadernación, se seleccionará el pliego de impresión en la pestaña **Ejecuciones de prensa** y se aplicará el estilo de trabajo. A continuación, se enumeran y detallan los distintos estilos de trabajo:

- **En el sentido de la hoja:** en este tipo de trabajo, se emplean dos montajes para imprimir el anverso y el reverso del pliego de impresión, imprimiendo la cara y volteando lateralmente por su centro vertical, conservando la misma entrada a máquina de los pliegos para imprimir el dorso. Utiliza un juego de planchas para la cara y otro para el dorso. Este tipo de trabajo se conoce por impresión Cara/Dorso (C/D).
- **Imposición de media hoja:** también llamado Tira/Retira (T/R), utiliza un montaje en doble producción con un eje de simetría en el centro vertical del pliego para imprimir ambas caras del impreso, de manera que, al imprimir una posteta de papel, voltearla y volver a imprimir el dorso conservando la misma entrada del papel a máquina, se obtienen dos modelos del impreso cortando al centro con la guillotina. Este tipo de trabajo es muy ventajoso por la producción doble y por el ahorro en planchas, ya que utiliza el mismo juego para imprimir las dos caras del impreso.
- **Imposición de cabeza a pie:** también denominado Tira/Voltea o Tira/Retira de pinzas, tiene las mismas características que el T/R, pero el eje de simetría es en el centro horizontal, por lo que el volteo de la posteta para imprimir el dorso del pliego varía la entrada de máquina de los pliegos por su eje horizontal.
- **De una sola cara:** se utiliza para productos impresos solo por una cara, como tarjetas, carteles, etc.
- **De retiradora:** similar al C/D, salvo que el volteo para imprimir el dorso se realiza sobre el eje horizontal del pliego, variando la entrada a máquina de los pliegos.

Ejemplo de imposición electrónica de un folleto

A continuación, se explican, detallan e ilustran los pasos para la realización de una imposición electrónica de un folleto plegado con las siguientes características:

- Formato abierto: 627 x 297 mm.
- Formato cerrado: (A4) 210 x 297 mm.
- Plegado: tríptico envolvente.
- Pliego de impresión: 650 x 910.
- Tintas: CMYK.
- Estilo de encuadernación: trabajo de placa.
- Estilo de trabajo: imposición de cabeza a pie.

Pasos

Se llevarán a cabo los siguientes pasos:

- Crear un nuevo trabajo en el menú **Archivo → Archivo/Nuevo.**
- Seleccionar el producto creado en el panel **Productos** y proceder a cumplimentar el formulario de información. Después, seleccionar el tipo de encuadernación, que para el tríptico será **Trabajo de placa,** y los colores planificados, que son CMYK.
- Posteriormente, seleccionar, en el panel **Lista de ejecuciones de prensa,** la ejecución creada y, en el panel **Propiedades de la tirada de impresión,** introducir el estilo de trabajo **Imposición de cabeza a pie** y seleccionar en **Stock** el pliego de impresión 650 x 910 mm.

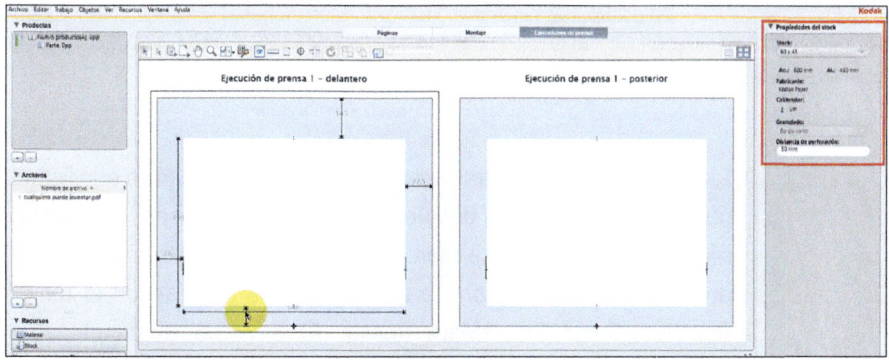

Selección del tamaño del pliego de impresión del menú Stock en Preps 10

⬛ Una vez se tienen el pliego de impresión y los estilos definidos, se procede a crear la imposición en el menú **Trabajo/Crear Imposición** [Ctrl+M], donde se introducirán el ancho y el alto del folleto, en cuadrícula de página uno horizontal y uno vertical y la página de referencia con la orientación hacia arriba. Aceptar.

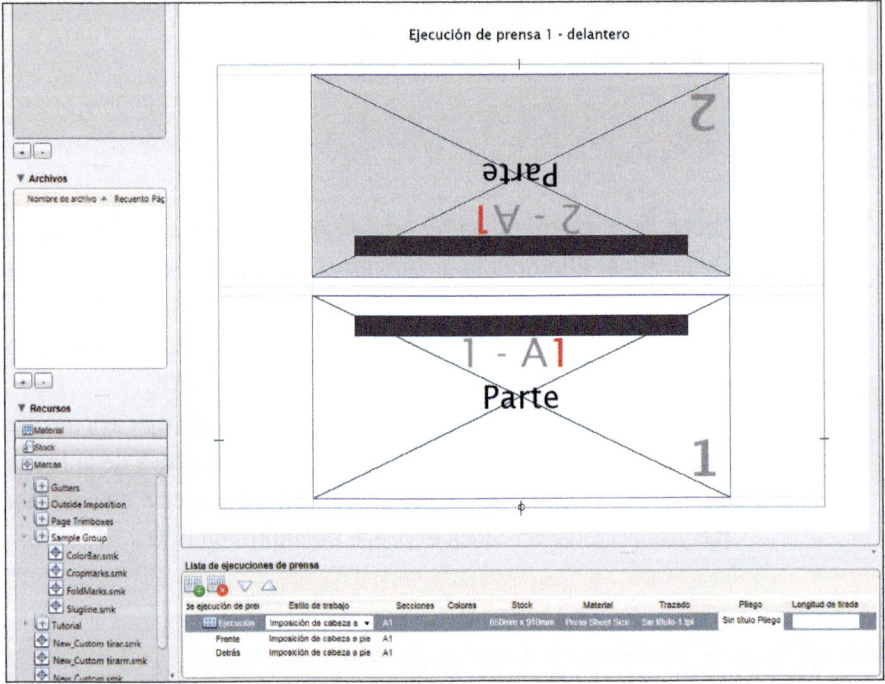

Detalle de la imposición de cabeza con cabeza o Tira/Voltea de pinzas

⬛ Ahora se pueden insertar las marcas en el pliego. Para ello, en el panel **Recursos,** en el desplegable **Marcas,** se dispone de **Sample Group,** un grupo de marcas predeterminadas que agilizan el proceso de introducción de marcas, una a una, desde el menú **Recursos/Crear SmartMark nueva.** Al arrastrar el desplegable **Sample Group** al pliego de la imposición, se colocarán de manera automática la barra de color, las marcas de corte, las marcas de plegado y la información textual del nombre, la cara, el color, la fecha y la hora del proyecto.

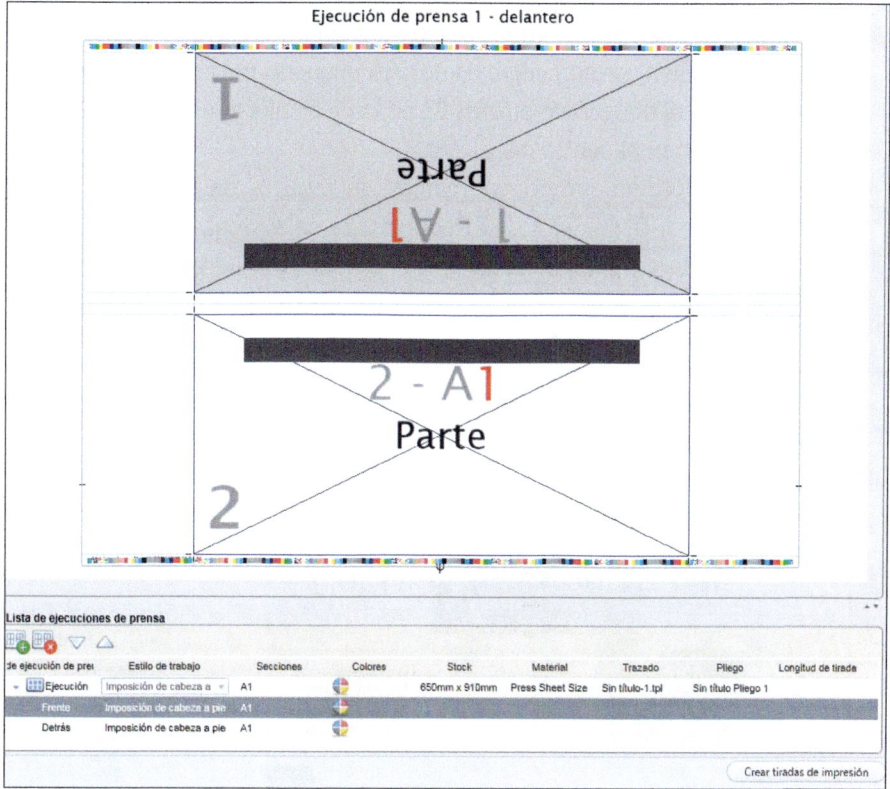

Implementación de las marcas de corte, barra de color e información de placa

❙ A continuación, seleccionar el archivo en PDF del arte final del proyecto, que en este caso tendrá dos páginas con el anverso y el reverso del folleto. Para ello, desde el panel **Archivos,** se añade el PDF del arte final. A continuación, se arrastra a la **Lista de páginas** de la pestaña **Páginas.** Una vez que se active en la pestaña **Ejecuciones en prensa** la opción de **Mostrar vistas previas de página,** se visualizará la imposición con el arte final impuesto.

❙ Con la herramienta de selección, seleccionar la marca de texto insertada en el pliego, porque quedaría en el margen de pinzas y no saldría impresa en los pliegos. Una vez seleccionada, en el panel de **Propiedades de SmartMark** se desactiva el bloqueo de posición que tiene por defecto activo y se posiciona el texto de información de placa unos centímetros más arriba.

▌Realizar el mismo procedimiento con las barras de color, que se han colocado de manera automática en los extremos del pliego y también corren peligro de no salir impresas por estar muy pegadas o en el margen de pinzas. Se procede a colocar una única barra de color en el centro del pliego.

▌Por último, introducir marcas de registro de impresión en el pliego. Desde el menú **Recursos,** se selecciona **Smartmark nueva/Marca personalizada** y se selecciona el archivo de imagen "onlycirc.eps", posicionando cuatro marcas en los laterales del pliego de manera simétrica.

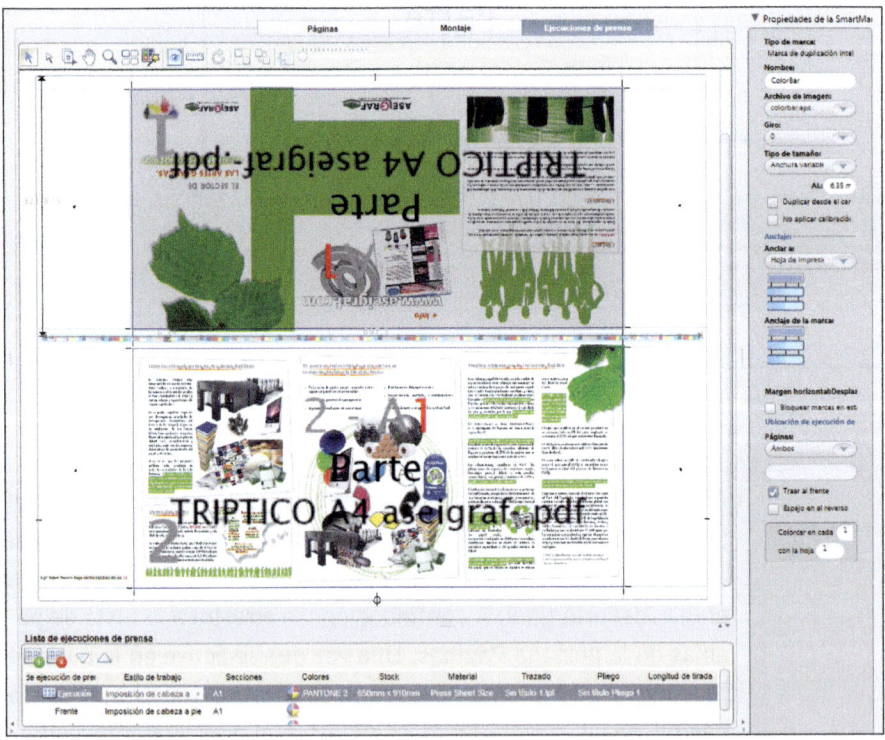

Previsualización de la imposición con las páginas colocadas. Obsérvense la colocación de la barra de color, la información de placa y las cruces de registro

▌Para imprimir el proyecto, seleccionar la opción **Archivo/Imprimir** [Ctrl+P] y enviar la imposición al dispositivo de impresión o filmación.

Pliego de impresión de la imposición creada

Ejemplo de imposición electrónica de una revista

A continuación, se explican, detallan e ilustran los pasos para la realización de una imposición electrónica de una revista con las siguientes características:

- Formato final: (A4) 210 x 297 mm.
- Pliego de impresión: 700 x 1.000.
- Nº. de páginas: 16.
- Tintas: CMYK.
- Estilo de encuadernación: cosido a galápago (a caballete o cosido grapa).
- Estilo de trabajo: en el sentido de la hoja (Cara/Dorso).

Pasos

Crear un nuevo trabajo en el menú **Archivo → Archivo/Nuevo.**

I Seleccionar el producto creado en el panel **Productos** y proceder a cumplimentar el formulario de información. Después, seleccionar el tipo de encuadernación que, para este caso, será Cosido a galápago, y los colores planificados que son CMYK.

I Posteriormente, seleccionar en el panel **Lista de ejecuciones de prensa** la ejecución **Creado** y en el panel **Propiedades de la tirada de impresión** introducir el estilo de trabajo **En el sentido de la hoja.** Seleccionar en **Stock** el pliego de impresión 700 x 1.000 mm.

Selección del tipo de encuadernación Cosido a galápago, del tipo de trabajo En el sentido de la hoja, y elección del tamaño del pliego de impresión del menú Stock (700 x 1.000 mm)

I Una vez se tengan el pliego de impresión y los estilos definidos, se procede a crear la imposición en el menú **Trabajo/Crear Imposición** [Ctrl+M], donde se introduce el ancho y el alto de la revista, en cuadrícula de página cuatro modelos en horizontal y dos en vertical, la página de referencia con la orientación hacia arriba y con cabecera. Aceptar.

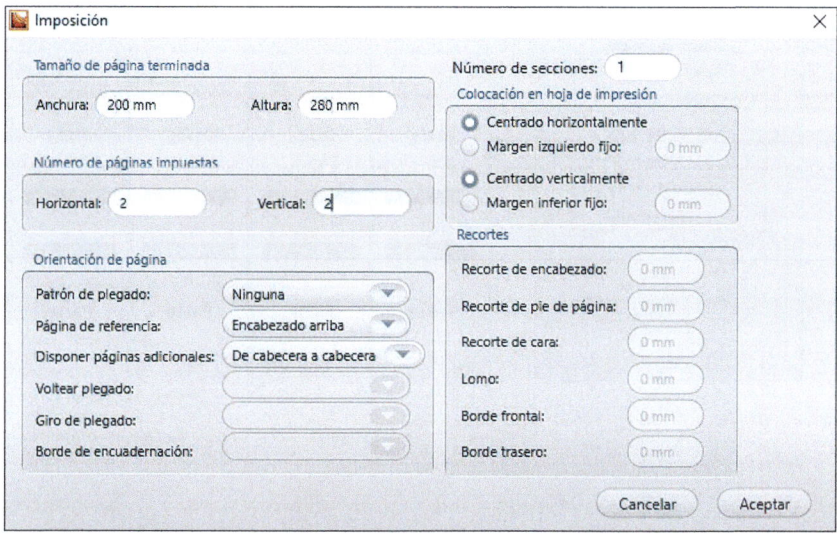

Detalle del menú crear imposición con las medidas y orientación de las páginas

❚ Ahora se pueden insertar las marcas en el pliego. Para ello, en el panel **Recursos,** en el desplegable **Marcas,** se dispone de **Sample Group,** un grupo de marcas predeterminadas que agilizan el proceso de introducción de marcas, una a una, desde el menú **Recursos/Crear SmartMark nueva.** Al arrastrar el desplegable **Sample Group** al pliego de la imposición, se colocarán de manera automática la barra de color, las marcas de corte, las marcas de plegado y la información textual del nombre, la cara, el color, la fecha y la hora del proyecto.

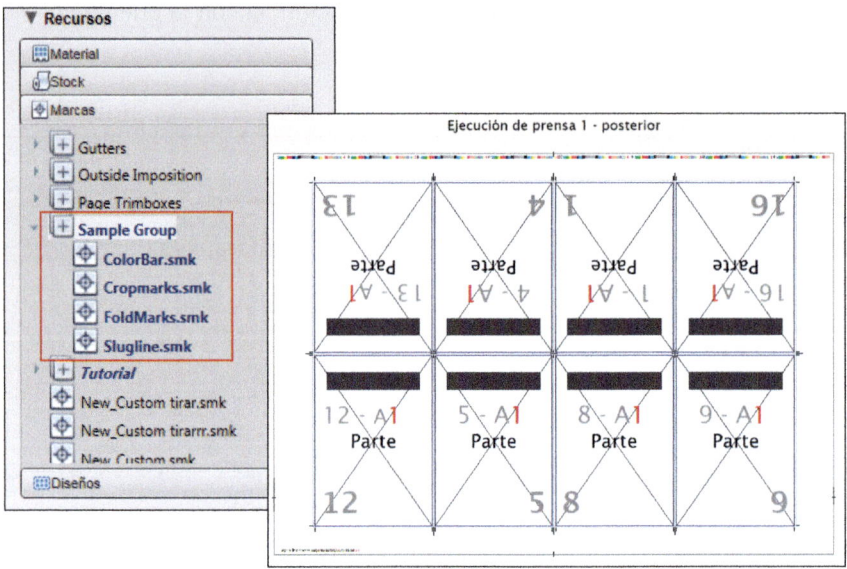

Implementación de marcas de corte, barra de color e información de placa

I A continuación, seleccionar el archivo en PDF del arte final del proyecto, que en este caso tendrá 16 páginas, incluidas portada y contraportada. Para ello, desde el panel **Archivos,** se añade el PDF del arte final. A continuación, se arrastra a la **Lista de páginas** de la pestaña **Páginas.** Una vez se active en la pestaña **Ejecuciones en prensa** la opción de **Mostrar vistas previas de página,** se visualizará la imposición con el arte final impuesto.

I Con la herramienta de selección, seleccionar las calles correspondientes al lomo de la revista y eliminar las calles, asegurándose de que no existen espacios entre páginas en el lomo de la revista.

I Con la herramienta de selección, seleccionar la marca de texto insertada en el pliego, porque quedaría en el margen de pinzas y no saldría impresa en los pliegos. Una vez seleccionada, en el panel de **Propiedades de SmartMark** se desactiva el bloqueo de posición que tiene por defecto activo y se posiciona el texto de información de placa unos centímetros más arriba.

I Por último, introducir marcas de registro de impresión en el pliego. Desde el menú **Recursos,** se selecciona **Smartmark nueva/Marca personalizada** y se selecciona el archivo de imagen "onlycirc.eps", posicionando cuatro marcas en los laterales del pliego de manera simétrica.

Previsualización de la cara de la imposición con las páginas colocadas

I Para imprimir el proyecto, seleccionar la opción **Archivo/Imprimir** [Ctrl+P] y enviar la imposición al dispositivo de impresión o filmación.

Dorso y cara del pliego de impresión de la imposición creada

4. Corrección en relación con el color

La reproducción del color en el proceso de impresión de un producto es una tarea condicionada por numerosos parámetros que tienen que mantenerse dentro de unos intervalos establecidos para cada uno de ellos en las normas reguladoras establecidas. A continuación, se enumeran las normas ISO relacionadas con la reproducción del color en impresión:

- **ISO 3664:** regula las condiciones de iluminación ambiental de originales.
- **ISO 13655:** regula el control de la colorimetría.
- **ISO 13656:** regula el control o evaluación de pruebas o impresos por medio de la estandarización de valores densitométricos y colorimétricos.
- **ISO 15311:** regula las condiciones de reproducción en sistemas de impresión digital.
- **UNE-ISO 12647:** normaliza la calibración de los dispositivos de separación de color de semitonos, pruebas e impresos.
- **UNE-ISO 12646:2018:** estandariza la visualización de pruebas de color en pantalla.

4.1. Corrección de las tintas del documento para su adecuación al proyecto y al sistema de reproducción

En apartados anteriores, se han descrito los perfiles de comprobación o *preflight* y sus opciones configurables para detectar en un proyecto de diseño o arte final si se cumple o no con las tintas establecidas en el perfil. Se puede establecer un número personalizado de tintas CMYK y planas y el perfil de comprobación alertará cuando no se cumpla lo establecido.

Para controlar el correcto uso de las tintas y colores que se utilizan en un proyecto de diseño, se debe trabajar conociendo de manera precisa el panel de **Muestras** o **Colores,** así como las especificaciones de gestión de color que utilice la empresa de impresión.

Desde el panel **Muestras,** se controlan la composición y el modo cromático que utilizan los colores contenidos en el proyecto, así como el uso de tintas planas Pantone o sus conversiones en valores CMYK.

Para adecuar un proyecto a las condiciones de impresión del sistema de reproducción, se deben conocer antes las capacidades y limitaciones de reproducción del mismo y establecer un criterio en relación a las tintas para la adecuación del arte final al sistema de reproducción.

En una aplicación de diseño, se pueden establecer los colores desde el panel **Muestras,** donde es posible comprobar el modo cromático y la composición de los colores utilizados, además de enumerar las tintas planas o tintas Pantone y si serán procesadas como tintas planas o convertidas a CMYK. No se puede olvidar que las imágenes o vínculos contenidos en el proyecto deben estar tratados previamente en una aplicación de retoque digital y preparados con la resolución y el modo cromático establecidos para el proyecto.

 Actividades

19. Desde una aplicación de diseño, inserte en la paleta de muestras la tinta Pantone 082 y realice la conversión para que la tinta se imprima en cuatricromía.

    Ahora cree una nueva tinta con el nombre "reserva UVI" y configúrela como tinta plana para que no se reproduzca en cuatricromía y se genere un canal aparte para realizar al impreso una reserva UVI.

Para la corrección de las tintas utilizadas en un arte final en PDF, se puede recurrir a la aplicación *Adobe Acrobat Pro,* que implementa en el menú **Avanzadas/Producción de impresión** las herramientas **Convertir colores** y **Administrador de tintas** y las reparaciones de la herramienta **Comprobaciones,** para realizar cambios de perfiles de color en el proyecto, conversión de tintas planas a cuatricromía o conversión de proyectos completos a blanco y negro o a muchas otras opciones predeterminadas de espacios de color disponibles.

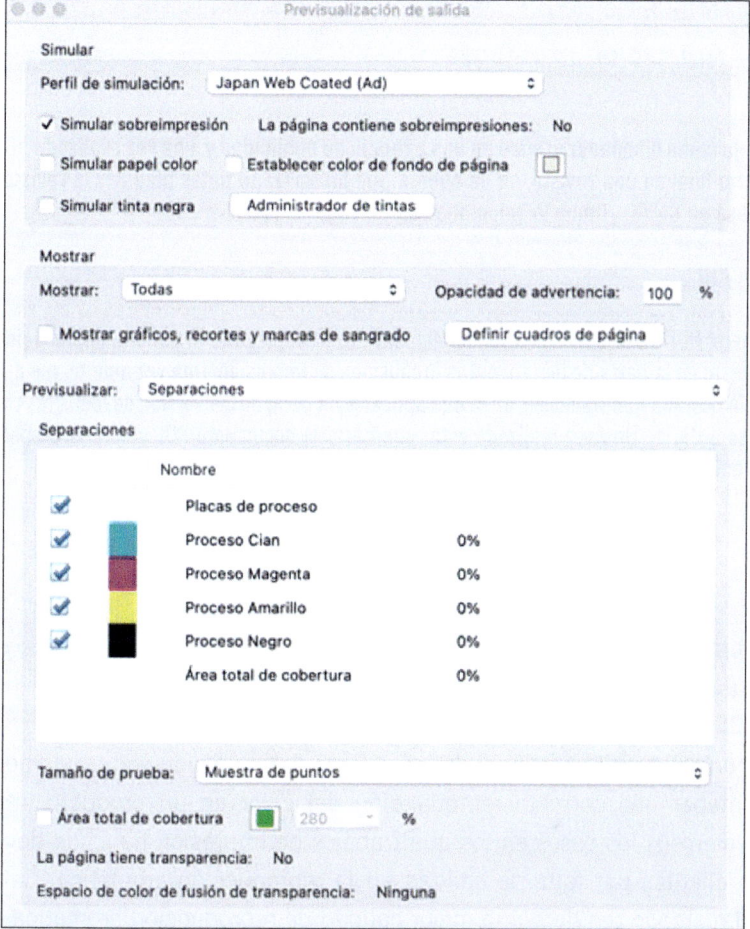

En la ventana de previsualización de salida también se pueden ver las tintas utilizadas.

Los flujos de trabajo de preimpresión disponen de filtros de comprobación y corrección de las tintas contenidas en los PDF de los artes finales con perfiles establecidos y personalizados para cada máquina de impresión y característi-cas del proyecto.

Aplicación práctica

Trabaja como diseñador gráfico en una agencia de publicidad y, una vez realizado el PDF del arte final de una revista, se da cuenta que ha utilizado tintas planas y la revista irá impresa en CMYK. ¿Cómo lo solucionaría?

SOLUCIÓN

Abriría el PDF en la aplicación *Adobe Acrobat Pro* y desplegaría el panel Comprobaciones, dispuesto en la barra de herramientas Producción de impresión. Una vez abierto, me dirigiría a la pestaña Reparaciones, en la que aplicaría un perfil de conversión de todas las tintas planas a CMYK. Una vez realizado esto, guardaría el documento PDF y estaría preparado para enviar a imprenta e imprimirse en cuatricromía.

4.2. Corrección de la densidad, el contraste, el equilibrio de grises y el balance de color

El control densitométrico y de los valores de impresión son fundamentales para obtener una correcta reproducción del color en un producto impreso. Son numerosos los casos en los que trabajos de impresión han sido devueltos por los clientes por falta de calidad en la reproducción cromática. Cada día más, el mercado requiere una mejor calidad de reproducción cromática en los impresos y para ello el control de las fases de calibración de dispositivos de visualización y filmación y el control en el proceso de impresión se convierten en rutinas inevitables.

Corrección de la densidad en impresión

La densidad expresa la cantidad o espesor de tinta que la máquina aplica a un papel determinado. Un defecto de densidad produce en el impreso un aspecto apagado y mate, mientras que un exceso produce un contraste pobre por el aumento de tinta y tamaño en los puntos de impresión (ganancia de punto) y problemas de secado y repinte. El control de la densidad óptima para las condiciones de un papel determinado y la homogeneidad del valor durante toda la tirada es crucial para obtener un original impreso de calidad.

Para el control de la densidad, se debe valorar con un densitómetro sobre el pliego de impresión una mancha de tinta al 100 %. La barra de color es idónea para la medición, ya que repite los parches a valorar longitudinalmente en el pliego de impresión y trasversalmente a la dirección de impresión, posibilitando la medición de la densidad en toda el área de impresión, su control y su corrección por medio de las llaves del tintero. Además, la densidad de una determinada tinta varía según las condiciones de imprimibilidad del soporte o papel utilizado en casa caso.

Corrección del contraste en impresión

El contraste es la capacidad del sistema de reproducción para reproducir detalles en los altos tonos o zonas oscuras. Para el control del contraste, se debe valorar con un densitómetro sobre el pliego de impresión una mancha de tinta al 100 % y la misma tinta al 80 %, al igual que para el control de la densidad la barra de color dispone de los parches necesarios para su valoración. Al igual que la densidad, el contraste en impresión de una determinada tinta varía según las condiciones de imprimibilidad del soporte o papel utilizado en casa caso.

Tira de control en un pliego de impresión

Corrección del equilibrio de grises o balance de color

Se puede definir el equilibrio de grises o de color como la capacidad de homogenizar durante la impresión las tintas de la cuatricromía para que ninguna de ellas tenga predominancia sobre las otras.

El equilibrio de grises y el de color exactamente no son el mismo valor, pero sí se valoran del mismo modo, ya que los dos equilibran la cantidad de tinta en la cuatricromía.

Para su medición, hay que disponer de una escala de grises acromática, en negro, y otra en paralelo junto a ella para facilitar su valoración, cromática, compuesta por la tricromía CMY. La impresión óptima se estará produciendo cuando los valores de los grises neutros del 40 % acromático y del 40 % de cian, 30 % de magenta y 30 % de amarillo cromático sean idénticos.

La corrección del balance de grises o de color puede realizarse visualmente con una temperatura de luz normalizada, pero siempre se recomienda la utilización del densitómetro. Su ajuste puede realizarse desde la fase de creación del proyecto con la calibración de las pantallas, en el proceso de separación de los colores en el flujo de trabajo de preimpresión o en la fase de impresión con el ajuste de los tinteros.

4.3. Introducción de tiras de control

Como se ha mencionado con anterioridad, la inserción de las tiras de control en el pliego de impresión y el control de sus parámetros durante el proceso de impresión de un producto se ha convertido en tarea inevitable por exigencia de mercado que, cada vez más, requiere impresos con una calidad de reproducción óptima del color, regulada además por normativas ISO.

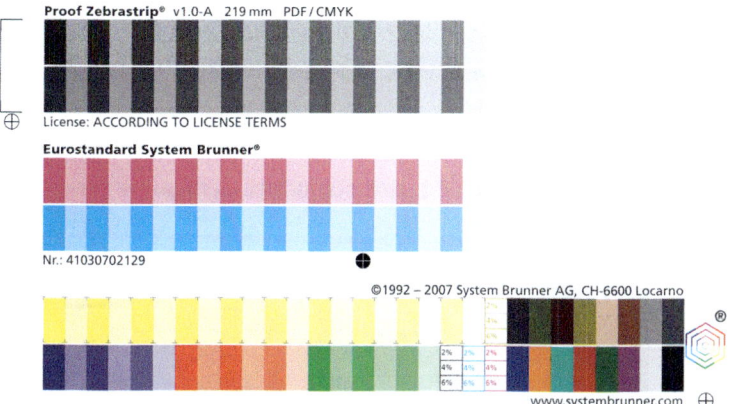

Distintas tiras de control de Systembrunner

En cuanto a las barras de color, pueden diseñarse o utilizarse las ya existentes, creadas por organizaciones como Systembrunner, Gatf, Fogra o Dupont, entre otras. Deben contener los parches para controlar todos los parámetros densitométricos y de reproducción y así obtener unos resultados de impresión dentro de las calidades establecidas.

5. Corrección en relación con los textos

Una vez finalizado el proceso de revisión y marcadas sobre los textos del original las correcciones a realizar por medio de las marcas o signos normalizados y recogidos en la norma UNE 54-052-74 que permiten señalar el emplazamiento de la errata y la operación de corrección pertinente de una manera limpia y eficaz, así como cualquier problema tipográfico, se procede a la corrección de las mismas sobre el documento nativo del diseño para posteriormente crear el arte final en PDF del proyecto.

5.1. Corrección de textos leyendo las marcas de corrección introducidas en la revisión

El proceso de revisión de los textos de un original puede realizarse de manera convencional sobre pruebas impresas aplicando las marcas o signos de la norma UNE 54-052-74 sobre las correcciones a realizar. Una vez llegue la prueba impresa del original con las revisiones marcadas a manos del preimpresor responsable de realizar las correcciones, este interpretará las marcas normalizadas insertadas en las pruebas impresas y realizará las correcciones oportunas sobre los textos del documento nativo del diseño. Una vez finalizada la fase de corrección, el original tendrá los textos conformes para su salida impresa.

Preimpresora realizando las correcciones marcadas en una prueba digital sobre el documento original nativo del diseño

 Sabía que...

En los procesos de corrección de las revisiones sobre pruebas digitales en PDF, los operarios de preimpresión suelen disponer de dos pantallas para visualizar en una de ellas las marcas sobre el original en PDF y en otra el documento nativo del diseño donde realizar la corrección.

La corrección de un original con un flujo de trabajo digital de revisión se realiza de manera similar al método convencional. El personal de preimpresión recibe el archivo digital con las revisiones marcadas, en el caso de una revisión realizada en la aplicación *Adobe Acrobat Reader* (no es necesario la versión Pro para agregar comentarios), con las herramientas de **Revisión y comentarios** y pudiendo utilizar las disponibles o utilizando las herramientas de dibujo para insertar las marcas normalizadas UNE 54-052-74, el personal de preimpresión corrige marca por marca interpretando cada una de ellas sobre el documento nativo del diseño del original.

5.2. Corrección de las fuentes tipográficas en el caso de error o ausencia de las mismas

Es posible encontrarse con distintos problemas ocasionados con las tipografías utilizadas en un proyecto de diseño: la ausencia de una fuente, la imposibilidad de imprimirla en un sistema de alta resolución, los errores morfológicos en impresión, etc., son problemas comunes en los diseños de los proyectos para impresión.

Desde la utilización del formato normalizado PDF/X para la entrega de artes finales a imprenta, la cantidad de errores con las tipografías en filmación e impresión ha descendido considerablemente. Los filtros que establecen las configuraciones predeterminadas en los PDF/X detectan cualquier tipo de error en la fuente que impida su correcta reproducción y emiten un mensaje de información del error, imposibilitando la creación del arte final en PDF normalizado si no se resuelve el problema.

La mayoría de los errores que actualmente se presentan son en la fase de creación del diseño, ocasionados por problemas de calidad en las fuentes o gestión de las mismas.

Aplicaciones de gestión de fuentes

Para trabajar con tipografías, hay que tener conocimientos de la gestión de las mismas en el equipo informático. Las tipografías se encuentran instaladas en la carpeta de **Fuentes** del sistema operativo y también se pueden instalar a través de *Adobe Creative Cloud,* pero no es recomendable instalar las fuentes directamente en el sistema para trabajar con un flujo de trabajo solvente en cuanto a la gestión de tipografías. Por ejemplo, en un departamento de preimpresión, en una editorial o en una agencia de publicidad, es conveniente utilizar una aplicación de gestión de fuentes como *FontBase* (disponible gratis tanto para Mac como Windows), *Catálogo tipográfico* en MAC OS o *Extensis Suitcase,* entre otras. Estas aplicaciones permiten organizar grupos de fuentes, activar o desactivar tipos de letras o grupos, visualizar las fuentes sin necesidad de instalarlas, etc., pudiendo así activar las fuentes de un trabajo determinado, desactivarlas y activar las de otro trabajo sin necesidad de mantener todas las tipografías instaladas en el equipo, reduciendo rendimiento, velocidad y ocupando recursos.

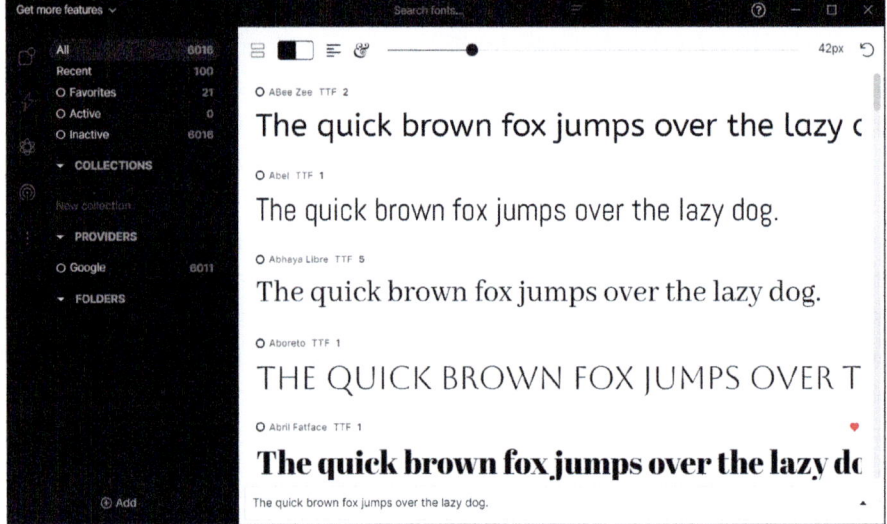

Apariencia de la aplicación FontBase

La posibilidad de agrupar las tipografías de un proyecto en la aplicación de gestión de fuentes y ordenarlas por trabajos ofrece resultados productivos, acelerando los tiempos en los procesos de preimpresión, y reduce los riesgos de problemas en la gestión de fuentes, como el duplicado.

Ausencia de fuentes

Como se ha mencionado anteriormente, las tipografías con las que se trabaje deben estar activas en el sistema operativo, ya sea instalándolas directamente en la carpeta **Fuentes** del sistema o gestionando su activación o desactivación por medio de una aplicación de gestión de fuentes.

Reproducción del mensaje de fuentes no disponibles al abrir un documento en cualquier aplicación de Adobe

Para solventar errores de ausencia de fuentes en el sistema, se recomienda utilizar una aplicación de gestión de fuentes en la que poder insertar la carpeta de fuentes del documento y activarlas en el sistema mientras se necesite.

Para la realización del arte final y almacenaje del proyecto, se recomienda trabajar con las aplicaciones de diseño utilizando la opción de empaquetar o reunir para impresión. Con esta opción se asegura que todos los vínculos y fuentes que utiliza el proyecto se tienen organizadas y localizadas en una carpeta junto al documento nativo.

En los casos en que no se disponga de las fuentes que el documento necesita, se intentará solicitarlas a la persona que creó el proyecto o en su defecto buscarlas. Como última opción y si lo permiten las condiciones del trabajo, se puede proceder a la sustitución de las fuentes solicitadas por otras parecidas.

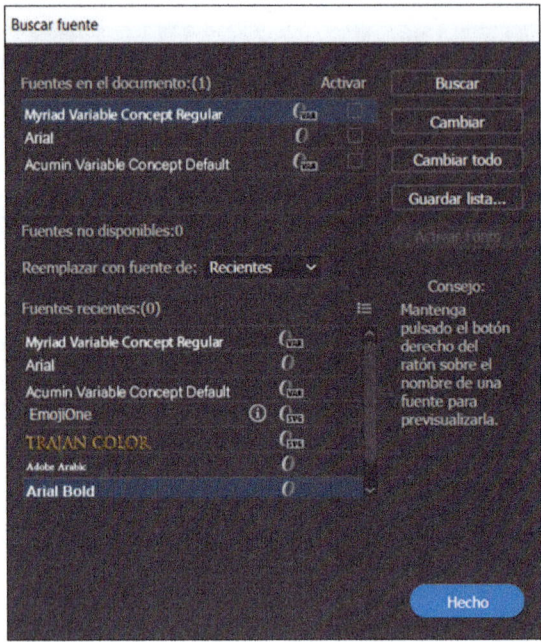

Panel Buscar fuente de cualquier aplicación de Adobe con las opciones de búsqueda y reemplazo de fuentes

 ## Aplicación práctica

Trabaja en el departamento de preimpresión de una imprenta y ha recibido un trabajo en el documento nativo del diseño. Cuando se dispone a abrirlo, el documento solicita tipografías que no tiene instaladas o activas en el sistema. ¿Qué solución cree oportuna para poder abrir el archivo correctamente y realizar el arte final en PDF del mismo?

SOLUCIÓN

En primer lugar, se pondrá en contacto con el cliente o la persona que haya realizado el diseño del proyecto para solicitarle que le envíe las tipografías que faltan en el proyecto. Si no se localizasen las tipografías por este método, se buscarían las fuentes en librerías propias o en internet o, como última opción y si las condiciones del trabajo lo permiten, se sustituirían las fuentes por otras parecidas.

Una vez localizadas las tipografías y dispuestas todas en una carpeta con el nombre o referencia del proyecto, se cargarían en la aplicación de gestión de fuentes y se procedería a

Continúa en página siguiente >>

<< Viene de página anterior

su activación en el sistema. Para finalizar, se volvería a abrir el documento, se comprobaría que están todas las fuentes y se aplicaría el perfil de comprobaciones para confirmar que está todo correcto, procediendo a la exportación del arte final a PDF.

Corrección de fuentes

Siempre se recomienda realizar la corrección o sustitución de una fuente desde la aplicación de diseño, pero, para correcciones de última hora o cuando no se dispone del documento nativo, se puede proceder a la corrección de una tipografía en un arte final en PDF, siempre dentro de unas limitaciones, con la aplicación *Adobe Acrobat Pro,* su extensión *PitStop* o desde *Adobe Illustrator.* En estas aplicaciones, hay menús disponibles para la sustitución de una fuente en un arte final en PDF con algunas limitaciones. No se recomienda la sustitución de textos extensos por posibles desplazamientos de los mismos.

Adobe Acrobat ofrece información relativa a las fuentes contenidas en un documento y su modo de incrustación en el PDF.

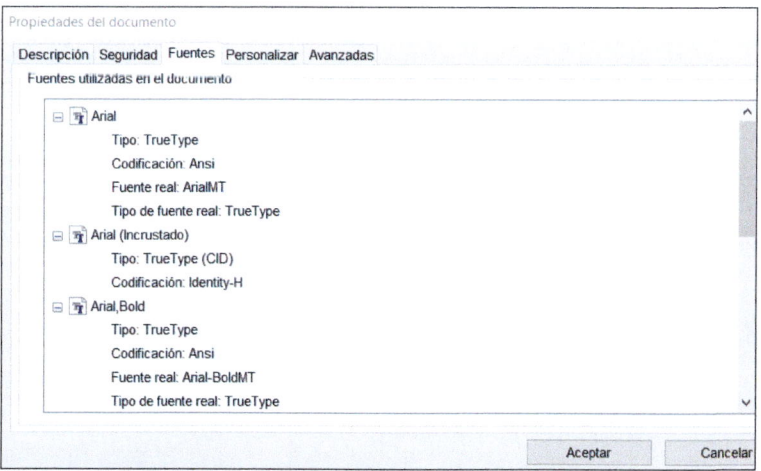

Pestaña Fuentes del panel de Propiedades del documento en Adobe Acrobat, se visualiza dando clic derecho del ratón y "propiedades del documento"

Para proceder a realizar una pequeña corrección sobre un texto o la tipografía del mismo en *Adobe Acrobat Pro,* en la versión 9 de la aplicación, hay que dirigirse al panel **Edición avanzada** y seleccionar la herramienta **Retocar texto.** A continuación, se seleccionará el texto a corregir y se pulsará sobre las opciones del botón derecho del ratón en **Propiedades.** Desde esta opción, se puede realizar cambios de tamaño, espaciado entre caracteres, espaciado entre palabras, escala horizontal, relleno, trazo y de la tipografía completa, pudiendo incrustarla en el PDF para su correcta reproducción en un sistema de impresión de alta resolución. En la versión 10 de *Acrobat Pro* tienes que ir a **Herramientas, Contenido** y **Editar texto** del documento. A continuación, selecciona el texto que quieras editar y clic derecho del ratón (Windows) o [Comando+clic] (Mac OS) y elija **Propiedades.** En el cuadro de diálogo "Propiedades de retocar", seleccione la ficha **Texto.** En el menú emergente **Fuente,** selecciona la fuente que quieras sustituir. Al igual que en la versión 9, puedes incrustar la fuente seleccionada.

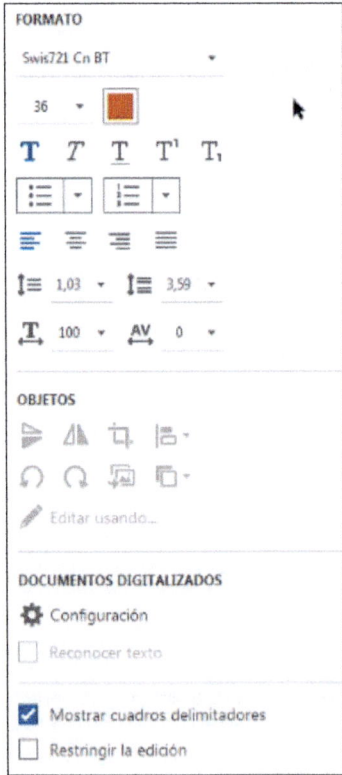

Menú "Editar texto"
en Adobe Acrobat Pro

Desde la extensión *PitStop* para *Adobe Acrobat Pro,* existe la posibilidad de realizar cambios globales en un arte final en PDF, sustituyendo por ejemplo una tipografía corrupta o rota por otra en buenas condiciones de una vez en todo el contenido del PDF, al igual que la sustitución de fuentes (ofrece múltiples posibilidades muy útiles en los departamentos de preimpresión para la corrección sobre artes finales en PDF).

 Aplicación práctica

Trabaja en el departamento de preimpresión de una imprenta y el cliente le ha llamado para notificarle una corrección de última hora sobre el PDF del arte final que va a imprimir. La corrección es modificar la tipografía a un título contenido en el diseño. ¿Cómo procedería?

SOLUCIÓN

Desde la aplicación *Adobe Acrobat Pro,* en la versión 9 se seleccionaría la herramienta Retocar texto dispuesta en el panel Edición avanzada, se seleccionaría el texto correspondiente al título a corregir y, pulsando el botón derecho, se accedería a las Propiedades y, desde este panel, se procedería a sustituir la tipografía por la solicitada por el cliente y se incrustaría en el PDF para cerciorarse de que no habrá problemas en la reproducción del texto. Por último, se guardaría el documento PDF para que la modificación quedase realizada. En Acrobat 10 tiene que ir a Herramientas, Contenido y Editar texto. A continuación selecciona el texto y clic derecho del ratón y elija Propiedades. En el cuadro de diálogo "Propiedades de retocar", seleccione la ficha Texto. En el menú emergente Fuente, selecciona la fuente que quieras sustituir. Recuerda incrustar en el PDF para cerciorarse de que no habrá problemas en la reproducción del texto. Por último, se guardaría el documento PDF para que la modificación quedase realizada.

6. Creación del arte final y su ajuste al proyecto

Para obtener unos resultados de calidad óptima en un impreso, se debe realizar el diseño del proyecto de una manera organizada, teniendo en cuenta las necesidades técnicas básicas en cuanto a la calidad de reproducción del sistema de impresión a emplear, como la calidad de las tipografías o las imágenes empleadas.

Habiendo realizado el diseño siguiendo unas pautas de organización y calidad acordes al sistema de reproducción a emplear para la impresión, debe crearse el arte final del proyecto en PDF, concretamente en una de sus versiones estandarizadas (en la norma ISO 15930 para intercambio de contenido gráfico).

La utilización del PDF/X para la realización del arte final supone un primer filtro a posibles problemas, tales como la imposibilidad de imprimir una tipografía por falta de información *postscript* en el archivo o ausencia en el sistema de la misma.

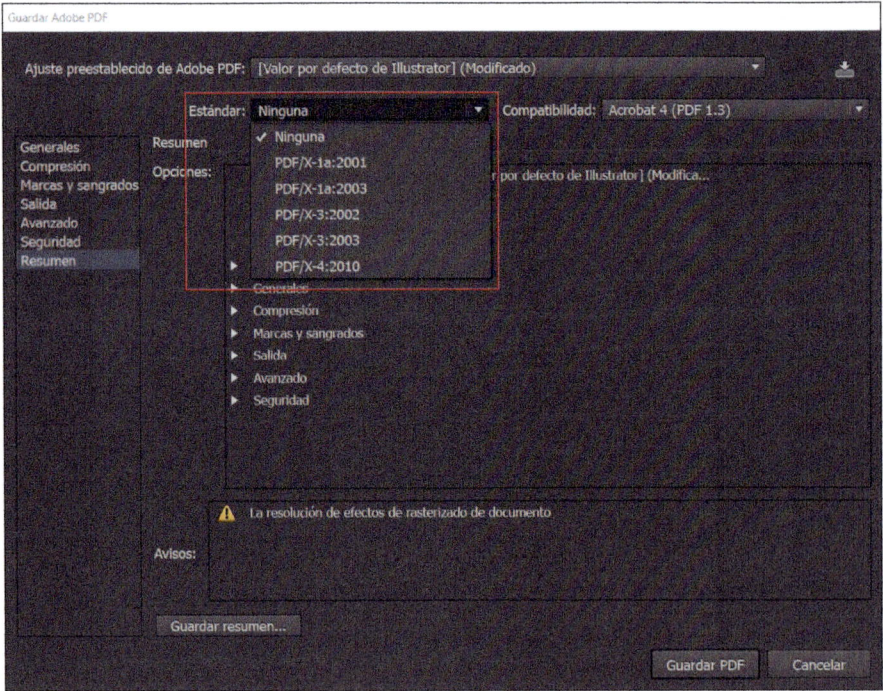

Selección de estándar de PDF a la hora de guardar un arte final en Adobe Indesign para evitar errores

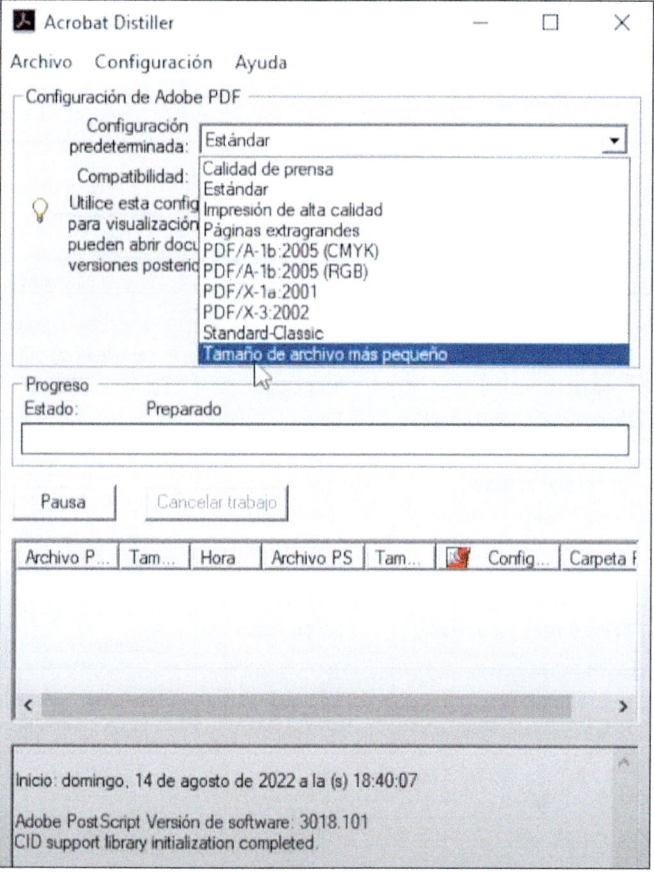

Configuración del PDF con Adobe Acrobat Distiller

La norma ISO 15930 contempla distintas versiones de PDF/X, según las necesidades del proyecto y sistema de reproducción. Al ser configuraciones estándar, no es posible modificarlas, pero sí realizar las propias configuraciones partiendo de las PDF/X y ajustándolas aún más al sistema o máquina de impresión concretos. Por ejemplo, es posible partir de una configuración PDF/X y modificar datos relativos a la calidad de las imágenes, al modo de incrustación de la tipografía en el PDF, a los perfiles de color utilizados, a la conversión del documento a un modo cromático concreto, márgenes de sangrado, etc., para así establecer un perfil ajustado a las necesidades de un trabajo o una máquina de impresión concreta. A continuación, se muestra una tabla con valores aproximados que relaciona la resolución de las imágenes con la calidad del soporte y el sistema de impresión:

Sistema de impresión	Resolución *Aprox. el doble de la lineatura*	Soporte
Inyección de tinta (*plotter* e impresoras convencionales) 80-175 lpp (líneas por pulgada)	160-350 (ppi) píxel por pulgada	Papel *Offset* 80-100 lpp Estucado 100-175 lpp
Offset digital (láser) 80-175 lpp (líneas por pulgada)	160-350 (ppi) píxel por pulgada	Papel prensa 70-85 lpp Papel *Offset* 133-150 lpp Estucado 175 lpp
Offset 70-200 lpp (líneas por pulgada)	140-400 (ppi) píxel por pulgada	Papel prensa 70-85 lpp Papel *Offset* 133-150 lpp Estucado 175-200 lpp
Serigrafía 30-120 lpp (líneas por pulgada)	60-240 (ppi) píxel por pulgada	Soporte textil 30-80 lpp Papel 80-120 lpp

Aplicación práctica

Trabaja en el departamento de preimpresión de una imprenta en la que se ha abierto una nueva línea de negocio de producción de periódicos impresos en máquinas rotativas con papel continuo tipo prensa. ¿Cómo realizaría una configuración personalizada para crear artes finales en PDF aptas para la impresión de este tipo de producto?

SOLUCIÓN

Desde la aplicación Adobe Distiller, se seleccionaría la opción PDF/X y se editaría la configuración de las imágenes, limitando la resolución de las mismas a 170 píxeles/pulgada. A continuación, guardaría la configuración, nombrándola de manera que sea fácilmente reconocible (PDF PERIODICOS OK, por ejemplo).

6.1. Sistemas de pre-chequeo del arte final

Como ya se ha explicado en el apartado, en aplicaciones de diseño como *Adobe InDesign* están disponibles herramientas dinámicas de pre-chequeo de los proyectos. Esta herramienta dispone de un amplio abanico de posibles configuraciones para detectar errores en los proyectos según las características del trabajo y el sistema de impresión a utilizar.

Para el correcto uso de la herramienta comprobaciones, se debe realizar un perfil predeterminado para cada tipo de trabajo ajustado a su sistema de impresión y necesidades. Una vez creados los perfiles, se activará el correspondiente según el proyecto que se esté realizando. La herramienta comprobaciones alertará de cualquier discrepancia entre lo establecido en el perfil de comprobaciones y lo realizado en el proyecto.

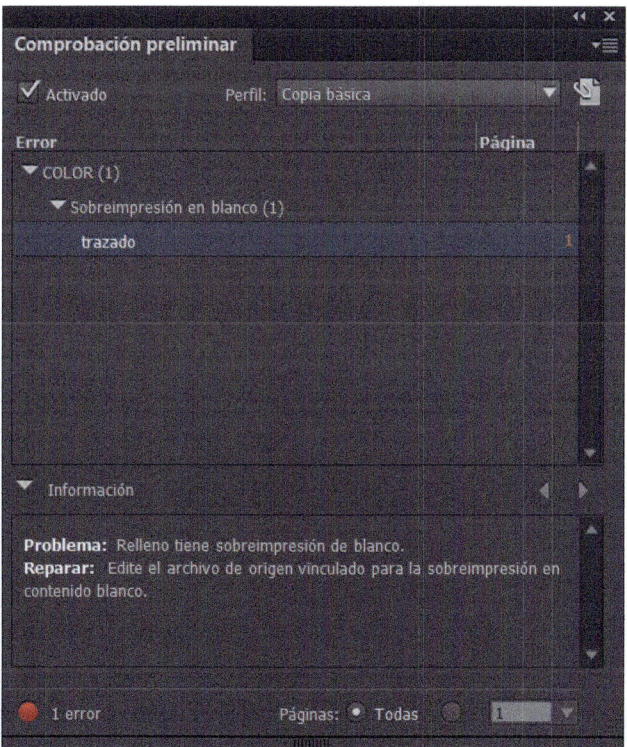

Perfil personalizado en el panel de Comprobación preliminar alertando de un error sobre un objeto blanco con sobreimpresión activa en el proyecto

Una vez terminado, revisado y corregido el proyecto, si no se tiene ninguna alerta en el perfil de comprobaciones, se procederá a la creación del arte final en PDF para comenzar con la fase de impresión del proyecto.

6.2. Chequeo del PDF como matriz digital

En la entrega de las artes finales de los proyectos gráficos en los talleres de impresión, el formato PDF se ha convertido en un estándar regulado por la norma ISO 15930. Esta normalización ha sido un logro importante en el sector gráfico, resolviendo muchos problemas en la entrega del arte final para impresión.

La creación del arte final a PDF/X certifica que el proyecto gráfico puede ser impreso, que tiene todos los parámetros necesarios para que la impresión en un sistema de alta resolución se realice correctamente. Pero eso no implica que en el proyecto no existan ajustes o parámetros incorrectos o incompatibles con el sistema o máquina de impresión a utilizar.

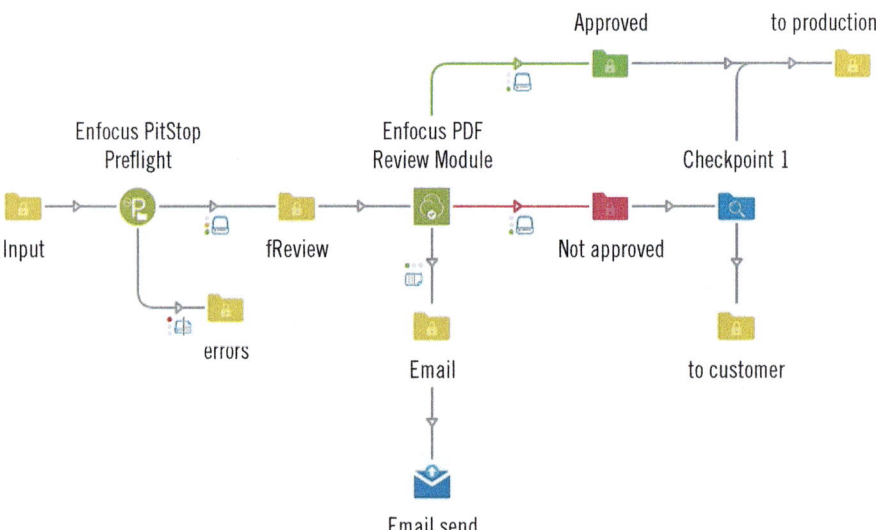

Automatización del control de calidad de PDF y comprobación del flujo de trabajo de preimpresión

Las empresas de impresión, en sus departamentos de preimpresión, tienen equipos informáticos configurados como servidores de impresión con flujos de trabajo que implementan puntos de inspección y de comprobación, llamados *preflights,* para comprobar, convertir o corregir los PDF antes de la fase de impresión, optimizando la calidad del proceso de fabricación y ahorrando numerosos costes.

Los perfiles de comprobación de los *preflights* se establecen según las posibilidades del parque de maquinaria de impresión existente en la empresa gráfica, llegando a crear un perfil personalizado a cada máquina.

El PDF enviado por el cliente con el arte final recorre dentro del flujo de trabajo un esquema en el que los filtros lo van dirigiendo y convirtiendo al sistema de impresión idóneo para su producción. Al finalizar el *preflight,* el PDF es depositado por el flujo de trabajo en una carpeta de salida para que el operario le dé salida impresa o los introduzca en la cola de impresión de la máquina correspondiente. Durante el *preflight,* el PDF del arte final puede sufrir modificaciones. A continuación, se detallan y explican las más usuales:

- **Conversión de las tintas planas a cuatricromía:** en procesos sin calibración de dispositivos y sin gestión de color, las tintas planas contenidas en los artes finales de los proyectos que se imprimirán en impresoras a cuatricromía son convertidas a modo CMYK.
- **Conservar un número de tintas planas exacto:** para impresoras *offset* con varios cuerpos de impresión y posibilidad de imprimir CMYK + x tintas planas. El flujo de trabajo conservará como tintas planas las definidas en la configuración personalizada del perfil.
- **Conversión del modo cromático del documento a escala de grises:** para proyectos gráficos que serán impresos en máquinas monocromáticas, el flujo de trabajo convierte todo el documento a escala de grises.
- **Conversión del modo cromático del documento a CMYK:** en flujos de trabajo sin gestión de color, el arte final en PDF debe estar convertido en su totalidad en el modo cromático CMYK. La variante de la norma ISO 15930 PDF/X1a es un PDF que convierte la totalidad del documento a modo CMYK.
- **Asignación de perfiles de color de salida:** en los flujos de trabajo de preimpresión con sistemas de gestión de color y calibración de dispositivos,

se reciben los PDF con perfiles de color incrustados, los cuales son convertidos a los perfiles de color de salida de la máquina de impresión correspondiente. La variante de la norma ISO 15930 PDF/X3 es un PDF que conserva el espacio cromático RGB con perfil incrustado para ser procesado en flujos de trabajo con gestión de color en los que se asignan perfiles de color de salida.

Desde la aplicación *Adobe Acrobat Pro,* mediante la herramienta **Comprobaciones** del panel **Producción de impresión,** se pueden crear perfiles de comprobación personalizados de igual manera que en los *preflights* implementados en los flujos de trabajo. Es posible utilizar perfiles predeterminados de comprobación ya existentes o crear uno personalizado con las características del proyecto y del sistema de impresión. Además, se pueden aplicar reparaciones como las detalladas anteriormente para los *preflights* de los flujos de trabajo.

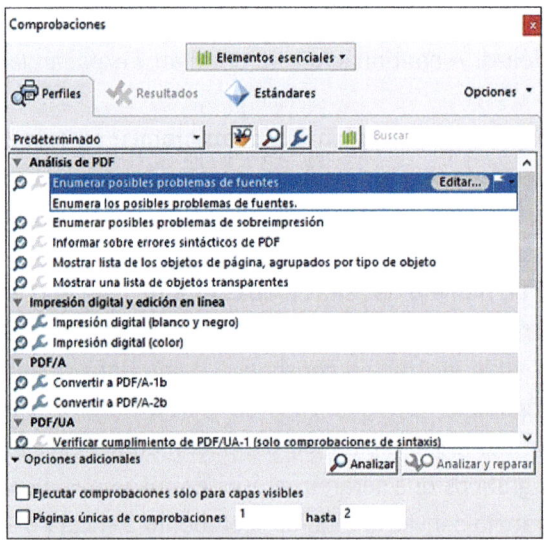

Panel de Comprobaciones de Adobe Acrobat Pro

La herramienta **Comprobaciones** de *Acrobat Pro* ofrece la posibilidad de automatizar el proceso de comprobación de un arte final en PDF mediante el uso de **Gotas de comprobaciones,** que son accesos directos autoejecutables donde se pueden soltar las artes finales en PDF y realizarles la comprobación que previamente se ha configurado para la gota.

Aplicación práctica

Trabaja en el departamento de preimpresión de una imprenta en la que se ha abierto una nueva línea de negocio de producción de periódicos impresos en máquinas rotativas con papel continuo tipo prensa. Desde *Acrobat Pro* configura una gota para que los PDF de las artes finales se conviertan a escala de grises de manera automática al soltar el PDF en la gota.

SOLUCIÓN

Desde la herramienta de Comprobaciones de *Adobe Acrobat Pro,* se seleccionaría en la pestaña Reparaciones de PDF la opción Convertir a escala de grises y, desde el menú Opciones, se pulsaría en Crear gota de comprobaciones, se configuraría una carpeta de salida para los PDF procesados correctamente y otra carpeta para los errores y se guardaría la gota en el escritorio del equipo.

Una vez realizado esto, se podría soltar un PDF en la gota creada para convertirlo a escala de grises.

6.3. Adecuación del arte final a flujos de trabajo

Un flujo de trabajo es una aplicación que automatiza e integra los procesos de preimpresión utilizando PDF, JDF, JMF, Cip3 y Cip4. Por lo general, estas aplicaciones son modulares, por lo que cada empresa diseña el flujo de trabajo con los módulos acordes a sus necesidades. Es posible encontrar módulos de imposición electrónica, impresión de pruebas de contrato, *preflight,* imposición de *packaging,* interacción de clientes vía web, etc.

El envío de un arte final a la empresa de impresión requiere un proceso previo de adecuación y preparación del proyecto de diseño acorde a las características y necesidades del flujo de trabajo instalado en la empresa, así como de las máquinas de impresión intervinientes en el mismo. La correcta adecuación de la resolución, el modo cromático, los perfiles de color, las dimensiones y las tintas en el proyecto de diseño y en la creación del arte final en PDF son importantes para obtener un producto impreso con las condiciones de calidad establecidas.

Recuerde

En la creación del arte final y su ajuste al proyecto, se han detallado las herramientas para establecer configuraciones predeterminadas y personalizadas para la creación de artes finales en PDF según las necesidades del sistema de impresión o flujo de trabajo.

6.4. Pruebas de color y papel para adjuntar al arte final

Las pruebas con impresoras convencionales solo son para uso orientativo, ya que ni las dimensiones ni la resolución o la reproducción cromática están calibradas con el dispositivo de salida y el soporte de impresión o papel.

Las pruebas válidas en cuestión de dimensiones, resolución y reproducción cromática son las certificadas por la UNE-ISO 12647, que normaliza la calibración de los dispositivos de separación de color de semitonos, pruebas e impresos.

La calibración de un sistema de impresión de color comienza en la máquina de impresión, en la que se determina por medio de la impresión en un tipo de papel determinado de una plantilla de parches IT8 con las mejores condiciones de reproducción de la máquina y, por supuesto, de control densitométrico. Partiendo de la plantilla impresa se recogen los valores lab con la ayuda de un espectofotómetro que compara los valores de los parches impresos con los valores lab reales de los parches de la IT8 y genera un perfil de color de salida personalizado para esa máquina con ese tipo de papel.

Con ese perfil de color de salida y una correcta calibración y linealización del dipositivo de pruebas de contrato, se ajusta el mismo para reproducir con la misma capacidad que la impresora de salida, para así obtener pruebas fieles a la calidad reproducible por el sistema de impresión de salida y dentro de los márgenes de error establecidos en la Norma 12647. Un impreso no fiel a la prueba de contrato es motivo de devolución del trabajo por parte del cliente a la imprenta.

6.5. Creación de imposiciones para filmación

Para la creación de imposiciones para filmación, se utilizan aplicaciones de imposición electrónica, como las ya estudiadas, donde también se han ofrecido algunos ejemplos con la aplicación *Preps* de Kodak.

Es posible diferenciar dos tipos de imposiciones dentro del sector gráfico:

- **Regulares:** imposiciones de impresos con formas regulares y sin solapación entre ellos para el máximo aprovechamiento del soporte de impresión, como la impresión de folletos, libros, revistas, carteles, etc.

Ejemplo de imposición regular

- **Irregulares:** imposiciones de impresos con formas irregulares con solapamiento de los modelos para el máximo aprovechamiento del papel o soporte, como los productos de envases de cartón *(packging)*, etiquetas, etc.

Ejemplo de imposición irregular

6.6. Elaboración de hojas de encargo para impresión por parte de terceros

Una hoja de encargo para impresión es un documento o archivo que acompaña al arte final de un futuro proyecto impreso y en el que se detallan todas las características relacionadas con el proceso de impresión del producto. A continuación, se detallan algunas de ellas:

- Código de identificación del trabajo u orden de taller.
- Datos de contacto y facturación del cliente.
- Número de ejemplares impresos.
- Detalle y descripción de cada una de las partes del impreso (tripa, cubierta, sobrecubierta, etc.).
- Datos relativos a la fecha de entrega y logística.

- Procesos de postimpresión a aplicar (encuadernación, plegado, troquel, guillotinado, etc.).
- Tintas a utilizar.

Existen distintas maneras de elaborar una hoja de encargo de impresión y procesarla en el taller. La orden de trabajo siempre ha sido un sobre de papel con toda la información referente al trabajo que pasaba de un departamento a otro en la imprenta y se ha procesado por la persona responsable de producción, requiriendo alta experiencia y cualificación por su parte.

Hoy en día, la recepción y el tratamiento de los datos de un cliente y sus respectivos encargos se procesan por medio de sistemas informatizados que controlan toda la información referente al trabajo y los procesos de fabricación. Los llamados MIS *(Management Information Systems*, Sistemas de Gestión de Información) utilizan lenguajes basados en XML, JDF y JMF para distribuir la información a todos los procesos intervinientes en la fabricación de un producto impreso y, a la vez, se retroalimentan de información proveniente de los procesos para establecer cadenas de producción cada vez más eficientes y productivas.

Por medio de equipos informáticos instalados en cada máquina o proceso del taller de impresión, el personal recibe la orden de trabajo con toda la información necesaria para su procesado, en la que el operario puede retroalimentar al sistema con información referente a tiempos de producción, incidencias, etc.

Creación de una hoja de encargo de impresión en JDF

Para la creación de una orden de trabajo JDF como establecen los comités CIP3 y CIP4 y que la información sea procesable en el MIS de la empresa gráfica, se puede utilizar *Adobe Acrobat Pro* y preparar la definición de un trabajo con los artes finales en PDF y toda la información necesaria para su fabricación.

Desde **Crear definiciones de trabajo personalizadas** ubicada en el panel **Producción de impresión,** es posible crear una definición del proceso de impresión del proyecto.

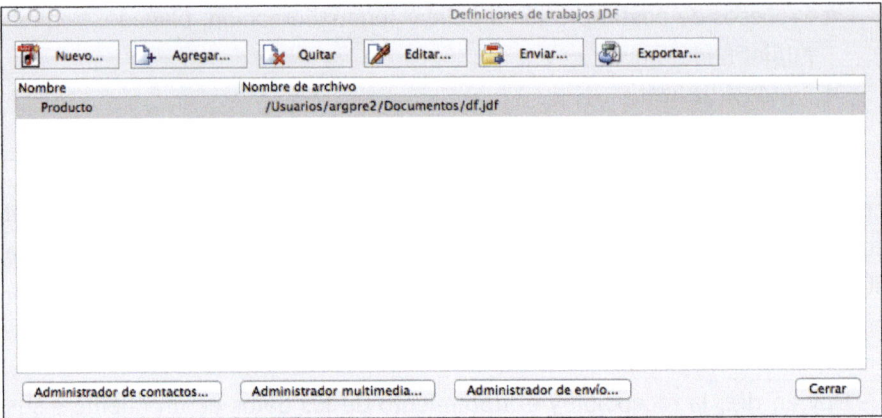

Crear definiciones de trabajo personalizadas de Adobe Acrobat Pro

En la definición, se establecerán las partes que compondrán el producto impreso y las características de cada una para su fabricación, como el tipo de soporte e impresión, la información del cliente, el número de tintas, el número de ejemplares, etc. También se incrusta el arte final en PDF de cada una de las partes del impreso y se pueden establecer perfiles de comprobación o *preflight* a los mismos.

Una vez cumplimentada toda la información referente al proceso de fabricación del producto, el archivo JDF se envía al MIS de la empresa gráfica, que procesa el archivo y toda la información adjunta para comenzar el proceso de fabricación del mismo.

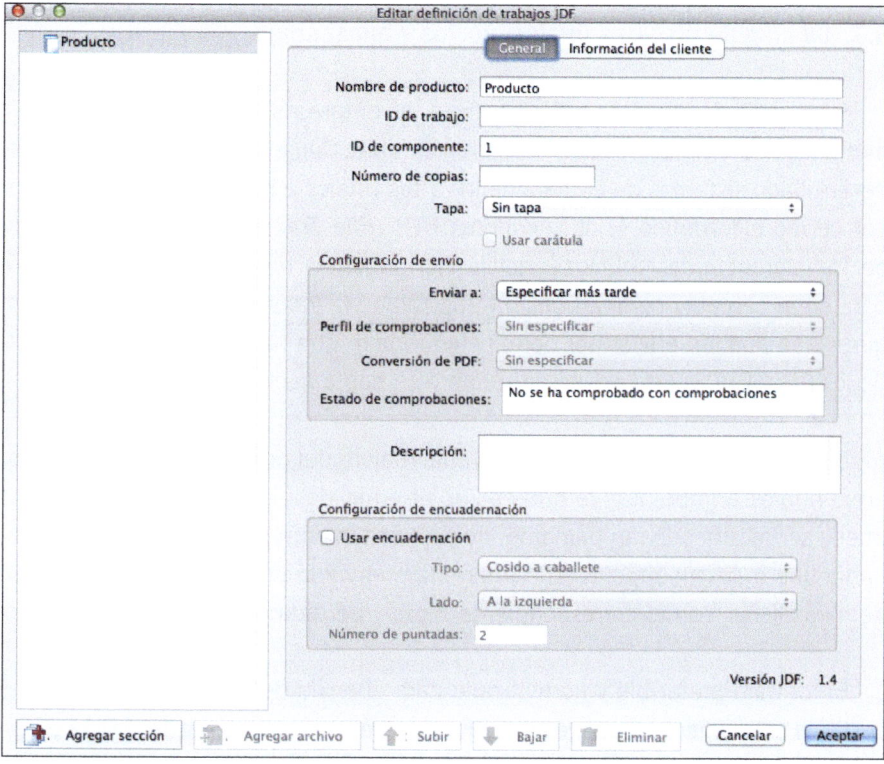

Panel de creación de la definición del trabajo en JDF desde Adobe Acrobat Pro

 Aplicación práctica

Trabaja como diseñador en un estudio de diseño y debe enviar un arte final en PDF a imprenta. ¿Cómo crearía la hoja de encargo de impresión del trabajo para adjuntar al PDF?

SOLUCIÓN

Una vez creada correctamente el arte final en PDF, se procederá a crear la hoja de encargo de impresión del proyecto por medio de la herramienta Definiciones de trabajo JDF del panel Producción de impresión de *Adobe Acrobat Pro,* donde se rellenarán todos los datos del formulario y se cumplimentará toda la parte técnica referente a la impresión del proyecto para que el sistema MIS de la empresa de impresión reciba toda la información necesaria y procese el trabajo.

6.7. Gestión de las artes finales: envíos y almacenaje

El proceso de envío de artes finales a las empresas de impresión se ha sometido en las últimas décadas a un gran cambio. Con el uso de internet, se han desarrollado sistemas de entrega de las artes finales a imprenta, como el envío por correo electrónico o los servidores FTP *(File Transfer Protocol,* Protocolo de Transferencia de Archivos), incluso herramientas *online* como *Google Drive* para crear carpetas compartidas o webs como *WeTransfer* para enviar archivos que no se pueden enviar por correo electrónico, que han sustituido la entrega de los CD y DVD en mano, como siempre se había hecho.

Internet ha supuesto una considerable mejora del proceso de entrega de las artes finales a imprenta, ya que cualquier error, despiste u olvido en el envío puede ser rectificado rápidamente, no como en la entrega del CD o DVD en que había que ir personalmente a la imprenta o enviarlo por medio de un servicio de mensajería, con el correspondiente coste y pérdida de tiempo.

El formato preferible y normalizado para el envío del arte final a imprenta, como ya se ha mencionado, es el PDF en su variante normalizada ISO 15930, que establece los PDF/X para el intercambio de contenido gráfico.

Ejemplo de nomenclatura o código para el almacenaje de artes finales

Número de orden
de trabajo

000999111

Número   Tipo de
de cliente   trabajo

Recuerde

El almacenaje de las artes finales en la empresa gráfica se ha realizado en numerosos soportes informáticos, disquetes, discos magneto-ópticos, CD, DVD, etc., pero, cada vez

Continúa en página siguiente >>

<< Viene de página anterior

más, por flexibilidad y rapidez, se utilizan servidores de almacenamiento con discos duros de gran capacidad que facilitan la búsqueda de cualquier arte final almacenado.

Para la fácil localización de un arte final determinada en un sistema de almacenaje, es recomendable la utilización de una nomenclatura numérica o alfanumérica que establezca por codificación, como mínima información, el cliente y el tipo de trabajo.

 Actividades

20. Cree una nomenclatura numérica o alfanumérica para almacenar las artes finales en PDF en su empresa que identifique:

- El cliente.
- La fecha de creación del trabajo.
- El tipo de trabajo.
- El número de orden de trabajo.

7. Resumen

En este capítulo, se ha visto la importancia de conocer los parámetros técnicos necesarios a tener en cuenta durante la creación del proyecto por parte del diseñador, como la correcta aplicación de la tipografía, el modo cromático, las tintas, la resolución de las imágenes, etc., para la correcta creación de un arte final y su adecuación al sistema de impresión, para obtener los resultados de calidad establecidos.

La importancia del formato PDF en la entrega de artes finales a la imprenta se ha convertido en un estándar y su utilización para la entrega de un arte final es obligación en la mayoría de empresas de impresión que, como se ha visto, han disminuido considerablemente los problemas de entrega de artes finales desde la utilización de este formado estándar en su variante PDF/X, normalizada por la ISO 15930.

Se ha visto la importancia de los filtros de comprobaciones de los PDF en los flujos de trabajo de preimpresión, así como la utilización de las aplicaciones de imposición electrónica y la importancia de introducir las marcas necesarias en el pliego de impresión para el control de la calibración de los dispositivos de filmación, los parámetros de impresión y los procesos de postimpresión.

También se han estudiado distintas maneras de corregir o establecer parámetros sobre las artes finales en PDF entregadas por el cliente en un departamento de preimpresión con errores o parámetros incompatibles con el sistema de impresión desde aplicaciones específicas para preimpresión que contienen herramientas que facilitan y agilizan el proceso de corrección sobre las artes finales en PDF sin necesidad de utilizar los documentos nativos originales.

Ejercicios de repaso y autoevaluación

1. **De las siguientes afirmaciones, diga cuál es verdadera o falsa.**

    a. Para una imposición de un cartel en una aplicación electrónica de páginas, se utilizará el tipo de trabajo Imposición de media hoja.

        ☐ Verdadero
        ☐ Falso

    b. En una aplicación de imposición electrónica, el tipo de encuadernación Sin cosido se utilizará para imponer trabajos de folletos plegados.

        ☐ Verdadero
        ☐ Falso

    c. En una aplicación de imposición electrónica, el tipo de encuadernación Trabajo de placa se utilizará para la creación de libros y revistas.

        ☐ Verdadero
        ☐ Falso

2. **¿Cuál será la resolución óptima de imagen en píxeles/pulgada para imprimir en una impresora láser con una resolución de impresión de 100 lpp (líneas por pulgada)?**

_____

_____

3. **Para comprobar que los PDF con las artes finales son correctos para impresión, se utilizará...**

    a. ... un cuentahílos.
    b. ... mínimo dos revisiones de dos operarios distintos.
    c. ... un perfil de comprobaciones.
    d. Todas las opciones son incorrectas.

4. ¿En la imposición del pliego de impresión qué marcas se utilizarán para el control del registro de impresión?

_____

_____

5. La imposición electrónica para envases es:

    a. Con formas regulares sin solapamiento.
    b. Con formas irregulares con solapamiento.
    c. Con solapamiento de formas equilibradas.
    d. Todas las opciones son incorrectas.

6. Para comprobar que el documento nativo del diseño está correcto y se puede proceder a la creación del arte final en PDF, se utilizará...

    a. ... la herramienta de visibilidad de capa.
    b. ... el menú de estilos de objeto.
    c. ... la herramienta de comprobación preliminar.
    d. Todas las opciones son incorrectas.

7. ¿Cómo procedería a la incrustación de una tipografía en un arte final en PDF?

_____

_____

_____

_____

8. De las siguientes afirmaciones, diga cuál es verdadera o falsa.

    a. Para enviar la hoja de encargo de impresión a la imprenta, se utilizará el lenguaje JDF.

        ☐ Verdadero
        ☐ Falso

b. Para enviar un arte final a imprenta, lo más recomendable es contratar a un mensajero que entregue el DVD.

☐ Verdadero
☐ Falso

c. Para almacenar las artes finales, se deben conservar los nombres que el cliente pusiera a las artes finales en PDF. Así siempre se encontrarán.

☐ Verdadero
☐ Falso

9. ¿Cómo se pueden agregar las líneas de corte a un arte final?

_____
_____
_____
_____

10. ¿Cómo se podrá trabajar con las tipografías o fuentes en el equipo de una manera organizada?

_____
_____
_____
_____

11. ¿Puede crearse una configuración personalizada para crear PDF con las necesidades de una máquina de impresión o flujo de trabajo concreto?

_____
_____

12. **Para delimitar el plegado de un impreso, se utilizarán...**

    a. ... líneas gruesas.
    b. ... líneas discontinuas en el margen de indicaciones del diseño.
    c. ... líneas paralelas al margen de indicaciones.
    d. Todas las opciones son incorrectas.

13. **Enumere al menos cuatro aplicaciones o extensiones de imposición electrónica que conozca.**

_____
_____
_____
_____
_____
_____
_____

14. **De las siguientes afirmaciones, diga cuál es verdadera o falsa.**

    a. El PDF/X es un estándar normalizado por la norma ISO 15930 para el intercambio de archivos gráficos.

       ☐ Verdadero
       ☐ Falso

    b. La empresa de impresión prefiere la entrega del documento nativo del diseño antes que el arte final en PDF.

       ☐ Verdadero
       ☐ Falso

    c. Un PDF/X puede presentar errores de ausencia de tipografías.

       ☐ Verdadero
       ☐ Falso

15. ¿Con qué estilos de trabajo se puede trabajar en una aplicación de imposición electrónica?

_____

_____

_____

_____

Capítulo 3

Elaboración del prototipo o maqueta que acompaña al arte final

Contenido

1. Introducción

Una vez finalizado el proceso de diseño del producto, se debe verificar que cumple con las características conceptuales que se han establecido. La realización de maquetas o prototipos a medida que se avanza en el diseño es necesaria para verificar y testear el producto antes de comenzar el proceso de fabricación del mismo.

Dimensiones, usabilidad, calidad, resistencia, aplicabilidad, etc., serán aspectos a verificar sobre la maqueta o prototipo para comprobar que las definiciones establecidas para el producto en su fase inicial serán desempeñadas sin alteraciones una vez finalizada la fase de fabricación del producto impreso.

Como se ve, la fase de diseño de un producto será un proceso de prueba-ensayo-corrección en el que se irán ajustando los parámetros para conseguir que se cumplan las finalidades establecidas para el producto o incluso añadir mejoras al mismo. Cabe destacar que todos los departamentos deben intervenir en la fase de prueba del prototipo para consensuar correcciones o mejoras a realizar.

2. Prototipos corpóreos

La marca o *branding* en inglés, son el nombre y los elementos visuales, por el que se identifica uno o varios productos o la empresa en sí. La representación visual de una marca en medios físicos y/o digitales es parte de la identidad corporativa de la marca.

Ejemplo de distintos elementos de una misma identidad corporativa

La representación de una marca estará constituida por un logotipo o iso-tipo, que será el elemento gráfico principal en el desarrollo de una identidad corporativa.

2.1. Prototipo de imagen corporativa

Para que el aspecto de una marca sea estable y reconocible, es necesario de-terminar un logotipo o isotipo que la represente junto con unas normas de apli-cación del mismo recogidas en un manual corporativo para establecer los pa-rámetros de cómo aparecerá representada la identidad corporativa en distintos soportes o medios, como por ejemplo en papelería, vehículos, *merchandising* o medios digitales.

Representación del logotipo de una marca en tarjetas de visita

La correcta aplicación del logotipo y su manual corporativo determinan la capacidad de comunicar el mensaje de una marca. Cuando el público reconoce una marca en cualquiera de sus modos de representación, es ejemplo de un diseño organizado y una correcta aplicación de la identidad corporativa.

En la fase de creación del logotipo, el diseñador tiene que tener en cuenta la legibilidad, la adaptabilidad a cualquier tamaño, su correcta reproducción en distintos materiales, sistemas de impresión y medios digitales, además por supuesto de representar la marca de una manera distinguible y memorable por el cliente potencial.

Una vez realizado el logotipo y sus variantes, el diseñador presenta un prototipo del diseño para la aprobación del mismo por parte del cliente. Se puede realizar la presentación del prototipo del logotipo de una marca de distintas maneras:

- **Por medio de un documento digital:** en el que se representan el logotipo de la marca y sus variantes, que serán visualizadas por el cliente desde una pantalla.
- **Con un documento impreso:** en el que se representan el logotipo de la marca y sus variantes, de manera impresa sobre un soporte por lo general de papel.

Variante vertical y horizontal de un logotipo

Versión vertical

Versión horizontal

 Actividades

1. Realice en una aplicación de diseño vectorial un logotipo para la empresa Patané, dedicada a la venta de jamón ibérico de pata negra, que ofrecerá sus productos mediante una tienda virtual en internet para todo el mundo.

Una vez aprobado el logotipo para representar la marca por parte del cliente, se procede a la creación de un manual corporativo donde se recojan las características de representación de la marca en los distintos soportes y medios que serán utilizados para la difusión de la misma.

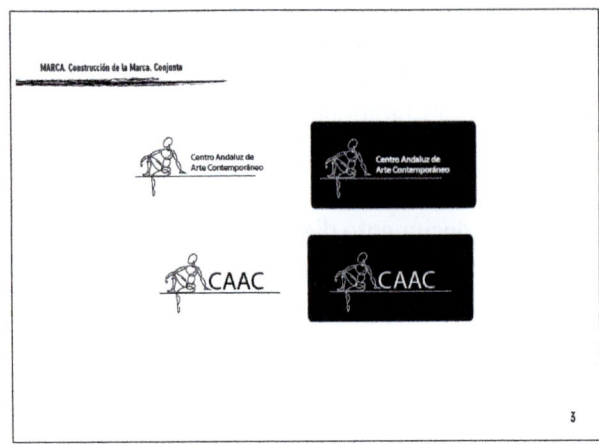

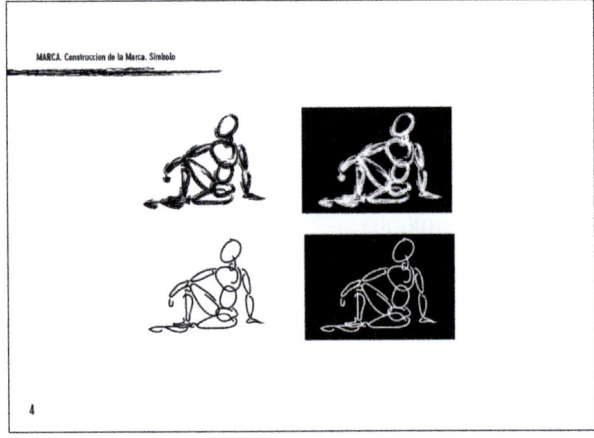

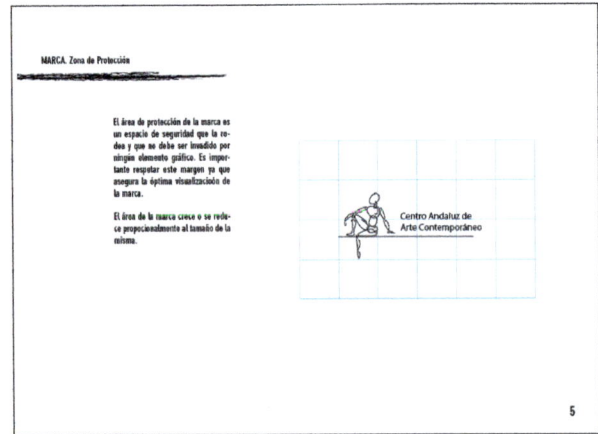

Continúa en página siguiente >>

<< Viene de página anterior

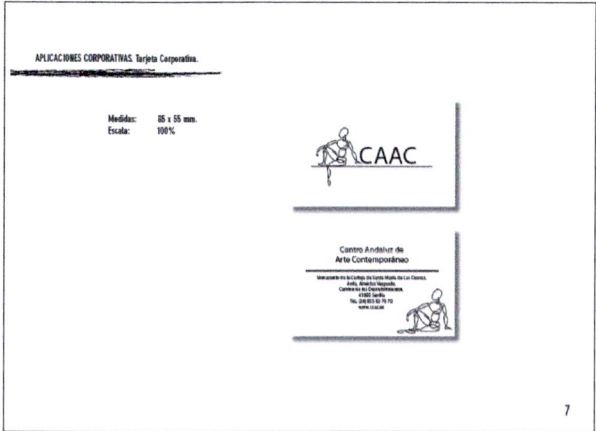

Distintas páginas de un manual corporativo con información de la aplicación de la marca

En el manual corporativo, se establecen las normas de aplicación de la marca abarcando todos los elementos de comunicación, como:

- Tipografías
- Colores
- Formas
- Elementos de papelería
- Páginas web
- Publicaciones digitales
- Publicidad
- Envases
- Vehículos
- Uniformes del personal

La fase de creación del diseño del manual corporativo da como resultado el prototipo de la imagen corporativa, que se puede presentar para su aprobación, por parte del cliente, en un documento digital PDF o en documento físico impreso y encuadernado. El visto bueno del cliente al prototipo de la imagen corporativa finaliza el proceso de diseño y, posteriormente, se realiza el arte final para impresión y se entrega el manual corporativo en PDF con toda la información y plantillas para la aplicación de la marca.

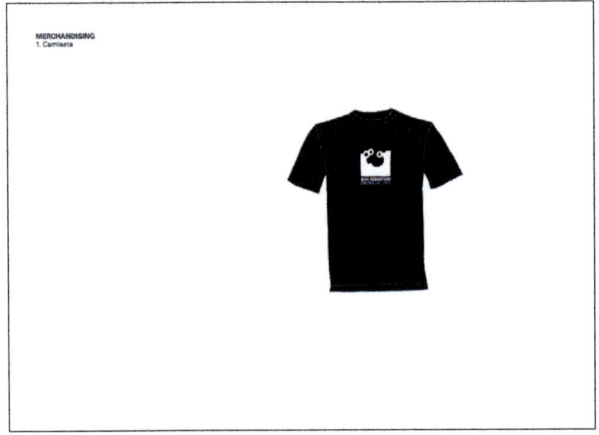

Continúa en página siguiente >>

<< Viene de página anterior

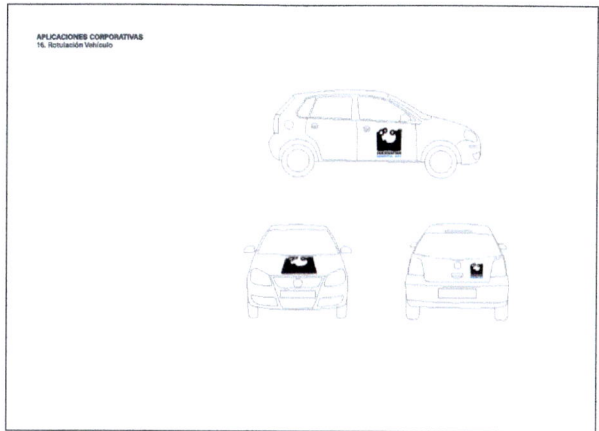

Distintas páginas de un manual corporativo con información de la aplicación de la marca

 Actividades

2. Con el logotipo que ha creado en la actividad anterior, realice diseños de prototipos para:

- Tarjetas de visita
- Camisetas
- Factura
- Papel para envoltorio de los productos

2.2. Papelería corporativa, señalética y publicaciones corporativas

Establecer unas normas de aplicación de la marca en todos los elementos de comunicación es indispensable para atraer la atención del público. La expresión visual es la cara visible y transmite la esencia o personalidad de la marca, diferenciándose del resto.

Papelería corporativa

La papelería corporativa de una marca debe estar establecida en el manual corporativo de la marca y la componen todos los elementos impresos empleados para la comunicación con los clientes, como hojas de carta, sobres, tarjetas de visita, carpetas, facturas, albaranes, etc.

Elementos que componen la papelería corporativa de una marca mediante la utilización de la aplicación de retoque fotográfico Adobe Photoshop

Para la creación de prototipos de elementos de papelería corporativa, se pueden utilizar distintos métodos:

- **Utilización de archivos digitales PDF para su visualización en pantalla:** dependiendo de las características del cliente o del trabajo, es posible presentar los prototipos mediante archivos digitales en PDF para su visualización en pantalla. Este sistema reduce los costes del proceso de diseño, pero depende de las características del trabajo o la relación con el cliente.
- **Impresión de sobre papel:** este método para presentar los prototipos es el más fiable si se utilizan los mismos soportes que para el producto final y el sistema de impresión de pruebas utilizado ofrece la misma calidad que el que se utilizará para la impresión en producción. En cualquiera de los casos, la presentación de los prototipos impresos añade un coste al proceso de diseño del producto.

■ **Utilización de montajes digitales para la presentación de la papelería:** mediante programas de retoque fotográfico, se realiza un montaje con los prototipos de los elementos de papelería imitando el resultado final para su presentación al cliente. Este sistema se visualiza en pantalla y el coste que hay que añadir al proceso es el tiempo empleado en realizar el montaje fotográfico.

Señalética

La señalización es un instrumento orientador, informativo, educativo e interpretativo prioritario para la ordenación y regulación de espacios o lugares. En el diseño de señales, también hay que atenerse a la representación gráfica corporativa de una determinada marca o institución. Las pautas a tener en cuenta en el diseño de las mismas deben estar establecidas en un manual corporativo.

Ejemplo de prototipo de señal corporativa

Un manual corporativo puede contener apartados destinados a características de la señalética de la marca o incluso existir un manual de señalización paralelo donde se establecen las normas y prescripciones para la señalización de una determinada marca.

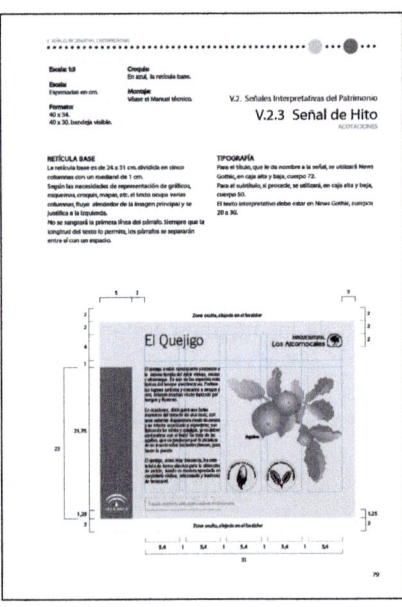
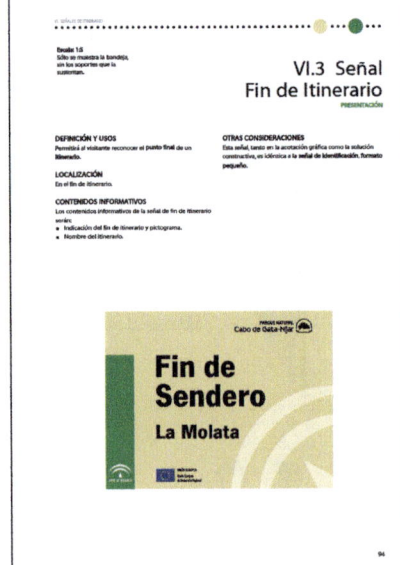

Distintas páginas de un manual corporativo de señalización con prototipos y sus características

La elaboración de la señalética de una marca requiere una intensa labor de diseño, especificando la tipología, los contenidos y las normas de diseño, así como su integración en el entorno. Además, se han de tener en cuenta las necesidades presentes y futuras de la marca, así como establecer el modo de elaboración, los materiales, la instalación e incluso las labores de mantenimiento de las señales.

Ejemplo de prototipo de señal corporativa

La presentación de prototipos de señales puede realizarse mediante la utilización de documentos digitales en PDF o de imagen, como JPEG, para su visualización en pantalla, por medio de pruebas impresas escaladas, ya que, en ocasiones, las dimensiones finales de las señales son de gran tamaño, o por medio de montajes fotográficos donde el cliente puede apreciar cómo quedará la señal instalada en su destino final.

Actividades

3. Realice el diseño de tres prototipos de señales de orientación para el interior del centro comercial La luna, con una misma identidad corporativa:

- ▌ Aseos
- ▌ Acceso personas con movilidad reducida
- ▌ Ascensores

Ejemplo de prototipo de señal corporativa instalada realizado mediante un montaje fotográfico

Publicaciones corporativas

El manual corporativo debe contener un apartado donde se recoja la información necesaria para la realización de publicaciones impresas, como dípticos, trípticos, etc., por medio de prototipos de ejemplo donde se establezcan las características técnicas y de diseño para la realización de las mismas.

La colocación del logotipo, la utilización de los colores, las tipografías a emplear, el tipo de plegado, las dimensiones del formato, etc., son aspectos que se detallan y se ejemplifican con prototipos en el manual corporativo para la correcta aplicación de la marca, consiguiéndose organización en el diseño y una identidad corporativa estable y homogénea.

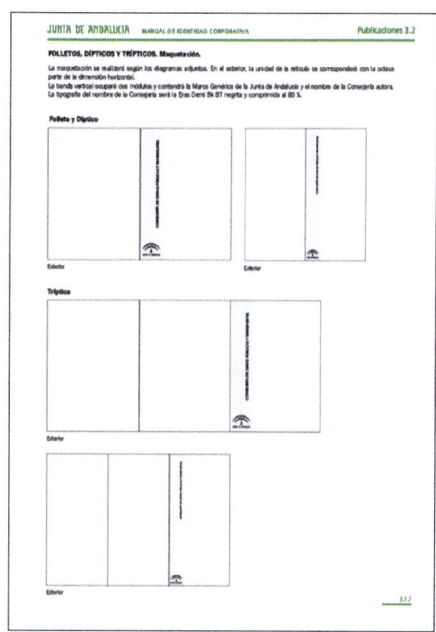

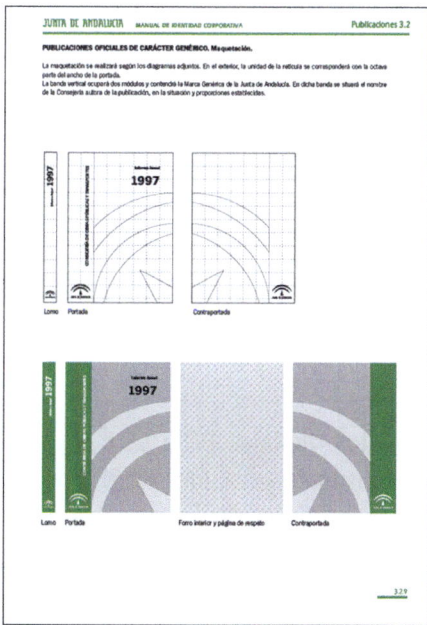

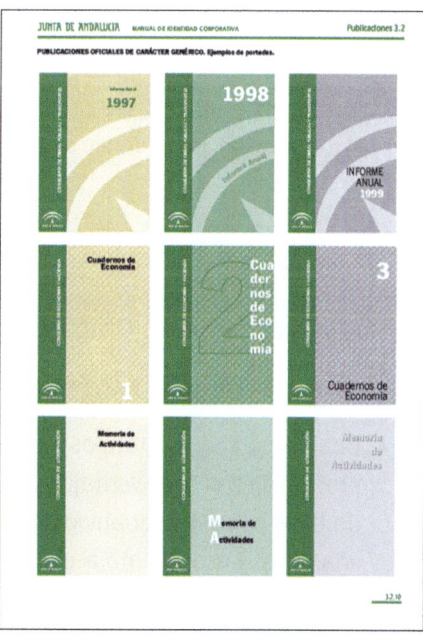

Distintas páginas de un manual corporativo con prototipos de publicaciones y sus características

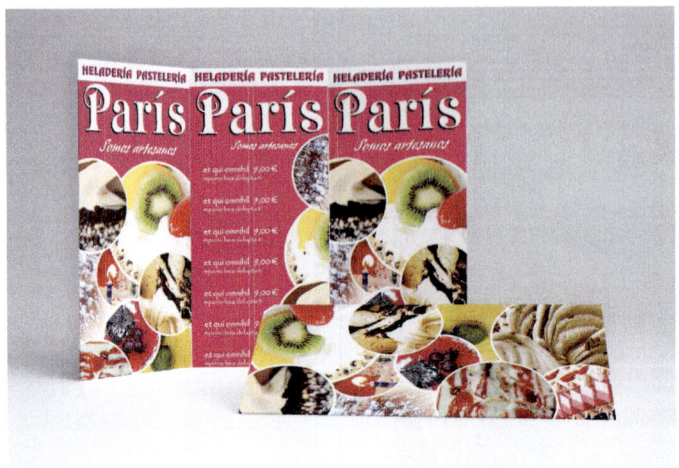

Prototipo de folleto plegado en tríptico realizado mediante un montaje fotográfico

 Actividades

4. Realice el diseño de un prototipo de un folleto plegado en díptico para la empresa Patané utilizando el logo que ha creado en la actividad 1 y contenidos de ejemplo.

Para la realización de prototipos de publicaciones, se dispone de varios métodos:

- Realización de prototipos en **documentos digitales PDF:** este tipo de prototipo es el más ventajoso en cuanto a costes y rapidez en el proceso de diseño, ya que el envío al cliente es vía internet y no supone costes añadidos. La desventaja es que la visualización es en pantalla, por lo que la reproducción cromática de los colores no es totalmente fiable con respecto al producto final.
- **Prototipos impresos:** realización de los prototipos con soportes de impresión similares o iguales a los utilizados para la producción y sistemas de impresión de pruebas calibrados y normalizados. Se obtienen prototipos de alta calidad que muestran una reproducción colorimétrica fiable.

Además, para la producción de publicaciones con plegados es recomendable este tipo de pruebas, ya que la comprobación de los pliegues es fiel al producto final y se pueden detectar posibles fallos en los mismos.

- **Prototipos mediante montajes fotográficos:** la presentación de los prototipos por medio de montajes fotográficos supone un ahorro de costes de materiales e impresión de pruebas impresas.

Prototipo de folleto plegado en tríptico realizado mediante un montaje fotográfico

 Actividades

5. Con el diseño del folleto plegado en díptico que ha realizado en la actividad anterior para la empresa Patané, realice un prototipo con un montaje fotográfico del folleto impreso terminado.

2.3. Prototipo editorial. Libros, revistas

Para la creación de un producto editorial corpóreo, se tomará como guía el manual corporativo de la marca, que debe contener la información necesaria para el desarrollo del diseño de libros y revistas corporativas por medio de prototipos de muestra y las indicaciones técnicas establecidas para la marca y su representación gráfica.

Características como el diseño de la cubierta, el tamaño, el tipo de encuadernación, el formato final o los acabados, como el plastificado o la reserva UVI, son aspectos que se pueden encontrar detallados en el apartado del manual corporativo de una marca correspondiente a los productos editoriales.

Para crear el prototipo de un libro o revista, se dispone de varios modos, que se tratan a continuación.

Realización de prototipos en documentos digitales en PDF

Como se ha mencionado anteriormente, este tipo de prototipo es el más ventajoso en cuanto a costes y envíos al cliente y el inconveniente es que la visualización es en pantalla, por lo que el color no es totalmente fiable con respecto al producto final, aunque algunos sistemas calibrados de prueba en pantalla ofrecen unas condiciones altamente fiables.

 Actividades

6. Realice el prototipo del díptico que ha realizado en la actividad anterior en formato PDF.

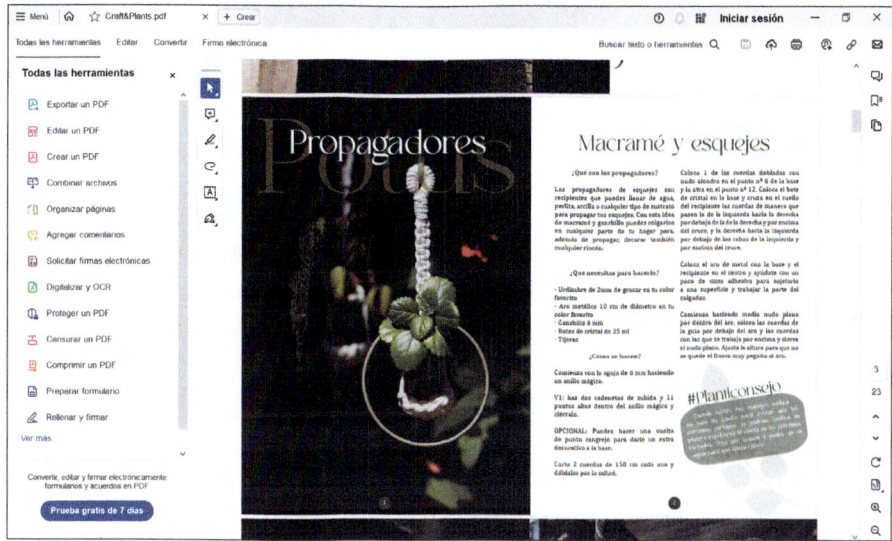

Visualización en pantalla de un prototipo de libro en formato PDF

Prototipos digitales interactivos

Las publicaciones digitales para soportes móviles, libros electrónicos o tabletas cada vez más extendidas también son un modo de presentar un prototipo de un futuro proyecto impreso.

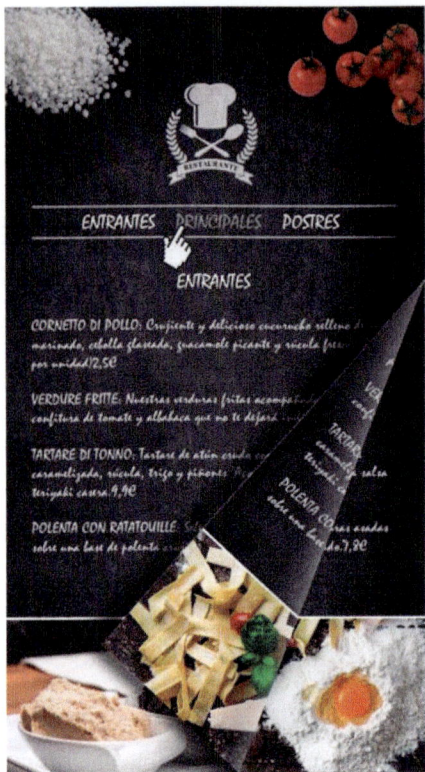

*Previsualización de transición
pasar página en un PDF interactivo*

Prototipos impresos

En la realización de prototipos impresos de libros o revistas, es posible distinguir distintos tipos de acabados del prototipo. Según las características o necesidades del proyecto, se realizarán pruebas de contrato de las páginas y se presentarán encuadernadas de igual modo que el producto final o se realizarán pruebas convencionales con o sin encuadernación para proyectos de menor presupuesto o calidad. La competitividad del mercado lleva a reducir costes en los procesos de creación y diseño, utilizándose cada vez más otros modos de presentación de prototipos, como las pruebas en pantalla, siempre que las condiciones del trabajo no exijan pruebas impresas certificadas por exigencia de calidad o complejidad en la estructura o morfología del proyecto editorial, como por ejemplo una revista de arte que requiere un reproducción del color óptima o un libro *pop-ups* o libro móvil con complejos troqueles, pestañas, solapas, etc.

Visualización en pantalla de un prototipo de libro realizado mediante un montaje fotográfico

Actividades

7. Realice un prototipo impreso a dos caras, cortado y plegado con el díptico de las actividades anteriores.

Prototipos mediante montajes fotográficos

La presentación de los prototipos editoriales por medio de montajes fotográficos supone un ahorro de costes de materiales e impresión de pruebas impresas y, si no son necesarias pruebas impresas, es un método bastante comercial para la presentación de prototipos al cliente.

Consejo

La aplicación del manual corporativo de la marca en el desarrollo del diseño de un producto debe ofrecer una cierta flexibilidad a la hora de realizar diseños.

Visualización en pantalla de un prototipo de revista realizado mediante un montaje fotográfico

2.4. Prototipo de *packaging*

En la fase de creación de un producto de *packaging*, se realizan pruebas impresas para ir ajustando los parámetros y las dimensiones por medio de un proceso de prueba-ensayo-corrección.

Prototipo de una caja en tres dimensiones realizado por medio de un montaje fotográfico

La opción de realizar un montaje fotográfico para la presentación de un diseño de *packaging* cada vez se utiliza más, ya que es un proceso de bajo coste en el que el cliente aprecia en pantalla un prototipo en tres dimensiones del resultado final de su producto envasado.

Prototipo de un envase en tres dimensiones realizado por medio de un montaje fotográfico

 **Actividades**

8. Realice en una aplicación de retoque fotográfico un prototipo en tres dimensiones de una caja para contener jamones de la empresa Patané.

2.5. Maquetas con volumen, desarrollo de la caja y del troquel

Para la realización de maquetas con volumen para la comprobación del diseño del troquel, se utilizan pruebas impresas a tamaño real. Estas pruebas impresas en papel se pueden pegar al cartón o cartoncillo con el que se fabricará el producto, recortar por medio de cuchillas o lancetas la forma del troquel y realizar los hendidos en los pliegues marcando con cuchillas sin corte para poder comprobar el montaje del envase, que todas las solapas y pestañas engarzan y que las dimensiones son acordes al producto que contendrá el envase.

Diseño del troquel de una caja

Actividades

9. En una aplicación de diseño vectorial, realice el troquel de una caja de cerillas con la publicidad de la empresa Patané.

En empresas especializadas en el diseño de *packaging,* disponen de *plotters* de impresión y corte para realizar las tareas de ensayo y prototipos de los envases utilizando el mismo soporte con el que serán fabricados, resultando prototipos totalmente fieles a los que se fabricarán.

Prototipo de una caja en tres dimensiones realizado por medio de un montaje fotográfico

 Aplicación práctica

Trabaja como diseñador en una agencia de publicidad y un nuevo cliente ha solicitado el diseño del envase de cartón que contendrá una botella de vino. ¿Qué pasos deberá tomar para la realización de la caja?

SOLUCIÓN

Solicitará al cliente la botella o las dimensiones de la misma para realizar la caja contenedora de la misma.

A medida que avance en el diseño, deberá realizar pruebas impresas a tamaño real del diseño del troquel, que se pegarán a un cartón de similar grosor con el que se fabricará la caja, se cortará el contorno del troquel y se comprobará que pestañas, pliegues, hendidos y solapas engarzan correctamente y que las dimensiones de la caja se corresponden con el tamaño de la botella.

Una vez ajustados todos los parámetros, se realizará el prototipo final para la aprobación por parte del cliente.

3. Prototipos digitales

Ante el gran cambio que ha experimentado el sector editorial con la expansión de las publicaciones digitales para soportes móviles, libros electrónicos o tabletas y con ello la drástica reducción de publicaciones impresas, el uso de los prototipos digitales no solo se realiza para la comprobación y supervisión del producto antes de su producción, sino que, cada vez más, el prototipo digital, una vez supervisado y aprobado, es el propio producto final, obviándose la producción impresa del proyecto editorial, distribuyéndose este exclusivamente por medios digitales.

Cabe destacar que la presentación de futuros proyectos editoriales impresos mediante prototipos realizados digitalmente y visualizados en pantalla presentan características muy ventajosas y comerciales para los diseñadores, ya que agilizan el proceso de pruebas y correcciones, además de abaratarlo, y la presentación y la estética con la que se pueden preparar los prototipos es un valor claramente añadido.

3.1. Prototipo multimedia. Maqueta en PDF y maqueta con movimiento: creaciones de páginas y operaciones en 2D

En el mercado, existe gran variedad de aplicaciones para la creación de publicaciones o prototipos multimedia de dos dimensiones para su visualización en pantalla. Según las características y necesidades del proyecto, se realizará la maqueta de uno de los siguientes modos:

- **En formato PDF:** utilizando *Adobe Acrobat Pro* para la creación e inserción de mejoras para la navegación por el documento.
- **Publicaciones interactivas con movimiento:** hay variedad de aplicaciones para la creación de publicaciones interactivas, como *Issuu, Canva, Genially* entre otras, pero se tratará *Adobe InDesign* y *Adobe Digital Edition Suite* por ser las más utilizadas a nivel profesional.

Prototipos en PDF

Para realizar un prototipo en formato PDF, basta con exportar el documento a PDF interactivo desde cualquier aplicación de diseño. Si se exporta como PDF imprimir, se eliminará cualquier elemento interactivo creado.

Se pueden dar distintos niveles de acabado de calidad al prototipo en PDF, añadir funciones de interactividad y multimedia al proyecto desde la aplicación *Adobe Acrobat Pro* o con *Adobe Indesign,* que permite mejorar las condiciones de presentación del mismo añadiendo botones, creados en *Acrobat* o importados desde la aplicación de diseño como *Illustrator,* con variedad de funciones predeterminadas y programables, como por ejemplo el paso de páginas, la opción de imprimir, cerrar el documento, volver al índice, etc.

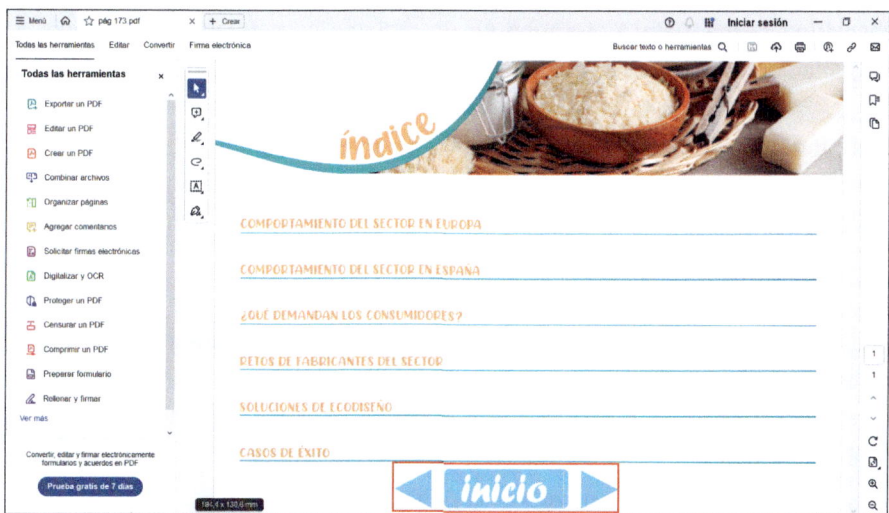

Prototipo en PDF de una publicación con botones interactivos

Actividades

10. Realice un prototipo en PDF y añada desde *Adobe Acrobat Pro* un botón para ir a la página siguiente y otro para ir a la página anterior.

Puede descargarse una versión gratuita de prueba de *Acrobat Pro* en <http://www.adobe.com>.

Los prototipos multimedia realizados en dos dimensiones para su visualización en pantalla permiten añadir efectos que emulan tres dimensiones con resultados muy reales de volumen que representan fielmente el producto final impreso que, junto a los efectos de sonido, vídeo y objetos con movimiento, convierten la maqueta o prototipo en un reclamo comercial que engalana la presentación del producto al cliente y facilita su venta.

El formato PDF permite también el modo automático de pantalla completa al abrir el documento, así como definir transiciones de páginas predeterminadas y distintos modos de visualización para facilitar al cliente la visualización previa del producto en pantalla antes de su fabricación.

La facilidad para difundir publicaciones en PDF vía internet, correo electrónico, *pendrive, Google Drive* o *WeTransfer* y el hecho de que la aplicación para la lectura de los mismos *(Adobe Reader)* es gratuita convierten al formato PDF en el más extendido en la actualidad para intercambio de contenido gráfico.

Prototipos interactivos con movimiento

Como se ha mencionado anteriormente, existe gran variedad de aplicaciones para la creación de prototipos interactivos con movimiento. En internet, se puede encontrar variedad de recursos de pago y gratuitos para realizar publicaciones interactivas en dos dimensiones para su visualización en pantalla.

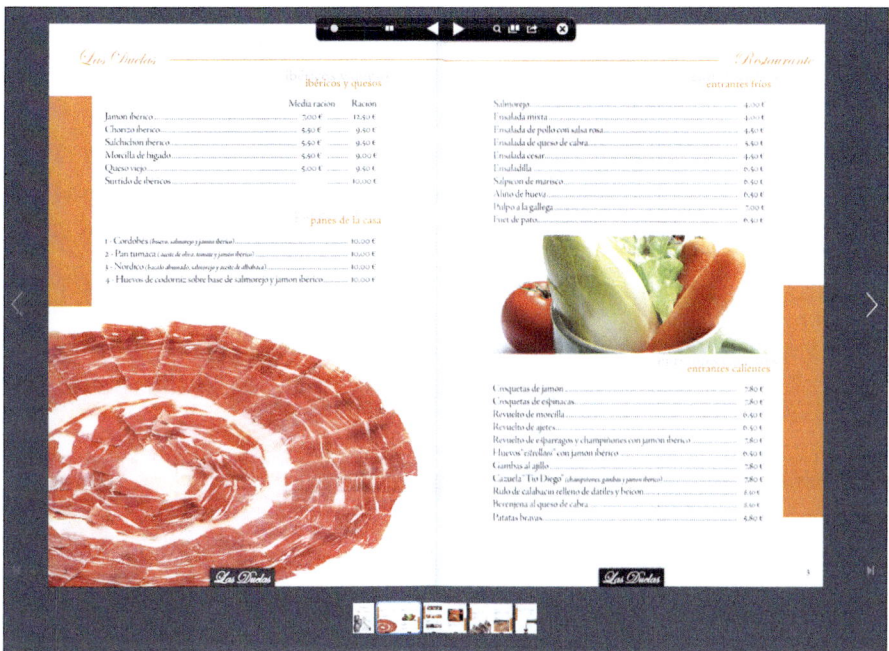

Prototipo interactivo con movimiento de una publicación creado con la aplicación de Issuu

Adobe InDesign y la suite de *Adobe Digital Edition* permiten una amplia gama de efectos y posibilidades para crear diseños de aplicaciones interactivas elegantes e innovadores en dos dimensiones, que emulan a la perfección modelos con volumen o en tres dimensiones.

El proceso de creación de la publicación en *InDesign* es similar a cuando se crean publicaciones para impresión, excepto que para publicaciones interactivas hay que realizar el diseño vertical y horizontal de cada página en archivos independientes. Esto es necesario porque, para la visualización en un dispositivo móvil o tableta, el usuario puede girar la pantalla para visualizar el diseño, por lo que deben crearse una versión horizontal y otra vertical para su correcta visualización. Además, para publicaciones interactivas, se pueden insertar en el proyecto elementos multimedia, como vídeos, música o elementos con movimiento.

La suite *Adobe Digital Edition* dispone de los siguientes paneles o aplicaciones:

- **Panel Folio Builder Plugin:** permite exportar a formato ".folio" y sube el contenido de la publicación a la nube para que esté disponible para su descarga.
- **Adobe Content Viewer:** crea un contenedor necesario para instalar una aplicación en las tabletas para visualizar las publicaciones.
- **Viewer Builder:** aplicación externa a *InDesign* que permite la visualización y el testeo previo de las publicaciones antes de su difusión.

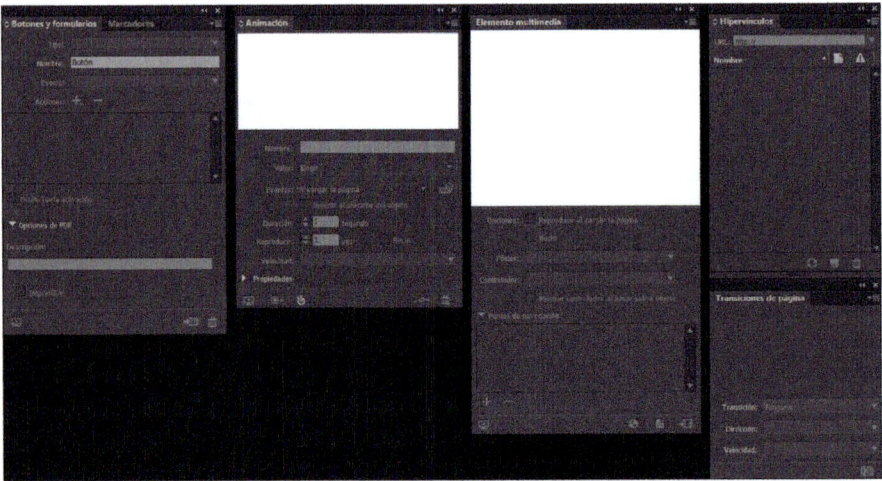

Algunos de los paneles que ofrece Indesign para la creación de un PDF interactivo

Para la creación de las páginas de un nuevo documento desde *InDesign* para una publicación interactiva, se tendrá que crear un documento con destino web e introducir las medidas de pantalla correspondientes a una tableta determinada, ya sea Ipad, Galaxy Tab u otras. Otra opción es crear una publicación con páginas de tipo *scroll,* donde habrá que crear una página con la anchura correspondiente a la tableta y una altura superior para visualizar la publicación de manera similar a una página web.

Con las herramientas disponibles en *Adobe InDesign* para añadir elementos a las publicaciones interactivas, se conseguirá, trabajando en dos dimensiones, aplicar efectos de movimiento a objetos simulando objetos con volumen en tres dimensiones, aplicar distintos modos de visualización, insertar vídeos o sonido, etc.

Actividades

11. Realice un catálogo de ejemplo de 8 páginas, guárdelo en PDF y después cree un prototipo interactivo del catálogo en www.issuu.com.
12. Con el mismo catálogo de la actividad anterior, cree un prototipo interactivo en PDF desde *InDesign*.

4. Elaboración de prototipos corpóreos

Como se ha mencionado anteriormente, es posible realizar prototipos mediante montajes fotográficos, en formato PDF, como publicaciones interactivas con movimiento y prototipos impresos y encuadernados. Según las necesidades del proyecto, se elegirá el idóneo. Por ejemplo, para el diseño de un envase de cartón impreso para un producto alimentario habrá que decantarse por el prototipo impreso mediante un sistema de pruebas calibrado y normalizado para comprobar la reproducción del color y troquelado y montado para la comprobación del correcto diseño del *packaging* antes de comenzar con la fabricación del impreso. Para otro tipo de proyectos, como un pequeño catálogo, podrá elegirse el prototipo en PDF o una publicación interactiva para el visto bueno y aprobación de los contenidos.

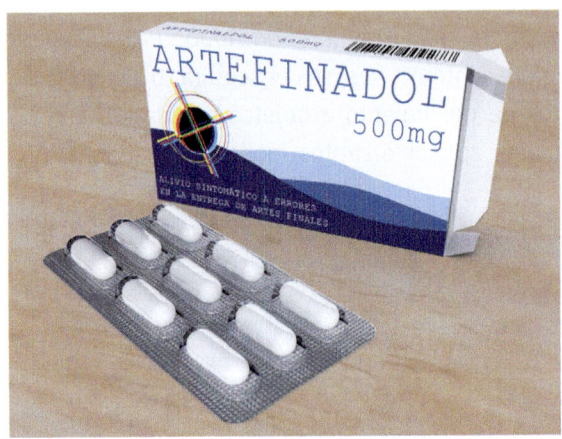

Prototipo de packaging

4.1. Materiales

Para la creación de prototipos para su visualización en pantalla, como el formato PDF, el montaje fotográfico o la publicación interactiva, no se necesitarán más materiales que un equipo informático con las aplicaciones de diseño para su desarrollo. En cambio, para realizar prototipos impresos, según el nivel de calidad de acabado que se establezca para el prototipo del proyecto, se necesitarán:

- **Impresoras:** calibradas y normalizadas o no, según las necesidades del proyecto, se podrá realizar la impresión de los prototipos con impresoras convencionales, de imitación al sistema de impresión de producción o *plotters.*
- **Soportes de impresión:** pueden ser papel, cartón, plástico, etc. Para la impresión del prototipo, se recomienda utilizar el mismo sobre el que se imprimirá el proyecto, similar o los normalizados para pruebas de color de contrato. Se elegirá un sistema u otro según las exigencias de calidad del proyecto.
- **Herramientas o equipos de corte o guillotinado:** hay que disponer de cúteres, cizallas o guillotinas para cortar el papel y el sobrante de papel impreso o margen de sangrado de los prototipos impresos.
- **Herramientas o equipos para realizar plegados:** para realizar plegados a los prototipos impresos, se utilizarán plegadoras para procesos manuales y plegadoras automáticas.

- **Herramientas o equipos para realizar hendidos:** se dispondrá de una hendidora automática o de herramientas para realizar hendidos sobre los prototipos impresos, como cuchillas sin corte.
- **Herramientas para troquelar:** se realizarán los troquelados manualmente con un cúter o con *plotters* de corte.

Nota

La gran mayoría de empresas dedicadas a la fabricación de *packaging* disponen de plotters de alta gama para la realización de los prototipos de los proyectos en los que el mismo equipo realiza una impresión de color normalizada y certificada, cortes de troqueles y aplicación de los acabados.

Este tipo de maquinaria es fácilmente amortizado en estas empresas, ya que ahorra costes de personal en la realización manual de prototipos y costes de incidencias en los procesos de fabricación, por la detección de los errores sobre los prototipos, altamente fieles a los fabricados, antes del proceso de fabricación.

Para reproducir otros tipos de acabados, como plastificados, perforados, barnizados, barnices de reserva UVI, estampaciones, relieves, golpe en seco, tintas planas y tintas especiales, etc., habrá que disponer de las herramientas o maquinaria apropiada. Por ejemplo: en el mercado hay *plotters* que barnizan, realizan reservas UVI, aplican relieves, imprimen con tintas metálicas o especiales, cortan y realizan perforados. Para la realización en prototipos de nuevos tipos de acabados creativos, cada vez más utilizados, habrá que aplicar la imaginación para conseguir efectos similares a los del producto impreso final.

 Aplicación práctica

Es el responsable de producción y artes finales de una agencia de publicidad y tiene que realizar el prototipo de unas tarjetas de visita troqueladas con reserva UVI y relieve. ¿Qué herramientas o equipos necesitará para la realización de un prototipo fiel al producto final impreso?

SOLUCIÓN

Para la impresión de la tarjeta, se necesitará una impresora, dependiendo de la exigencia de reproducción del color del proyecto se elegirá un sistema calibrado y normalizado o una impresora convencional.

Se utilizará un papel de similar acabado y grosor que el que llevará la tarjeta final.

Para la realización del corte irregular del troquel, se necesitará un cúter para realizarlo de forma manual o un plotter de corte para realizarlo de manera automática.

Para el efecto de acabado de reserva UVI y relieve, se necesitará un plotter de impresión que realice este tipo de acabados.

En definitiva, con un plotter de impresión y corte de alta gama se realizaría el prototipo de la tarjeta con todos sus acabados.

4.2. Etapas de producción

Para la realización de prototipos, se pueden establecer las etapas de producción que a continuación se detallan.

Impresión

La impresión del prototipo se puede realizar en sistemas con o sin gestión de color calibrados, según las exigencias del proyecto y el nivel de acabado del prototipo a realizar, y se utilizarán impresoras convencionales, impresoras láser o *plotters* con papel de ferro o papeles normalizados para pruebas de contrato certificadas.

Corte

Para realizar correctamente el corte de los prototipos impresos, previamente se habrán incluido líneas de corte y márgenes de sangrado en el diseño y el montaje de este, para, una vez impreso, proceder por medio de cúter, cizalla o guillotina al refilado del prototipo a su tamaño final.

Plegado

Una vez refilado el prototipo a su tamaño final, se realizarán, si los hubiese, el plegado o los plegados al mismo, teniendo en cuenta que, en papeles gruesos, de alto gramaje o con fondos impresos, es necesaria la realización de hendidos para evitar resquebrajamientos y facilitar el proceso de plegado.

Hendido

Es una marca realizada por medio de una cuchilla sin corte (macho) y una hembra en la zona del pliegue del impreso para facilitar y evitar problemas de resquebrajamiento en el papel. Para la realización de prototipos, se podrán realizar los hendidos por medio de reglas y cuchillas sin corte o con una hendidora si se dispone de ella.

Encuadernación

Existen distintos tipos de encuadernación: tapa dura o cartoné utilizada para libros en la que sus cuadernillos se unen entre sí cosidos con hilo o pegados con cola, encuadernación a caballete para periódicos o revistas en la que sus cuadernillos quedan pegados con cola, con grapas o sin grapas y encuadernación en alambre, espiral o *wire-o*.

Para la creación de prototipos de impresos encuadernados, de ser posible y según exigencia del proyecto, se simulará la encuadernación que se utilizará para el impreso final, pero, por lo general, la encuadernación con hilo se sustituye en la elaboración de proyectos por la encuadernación fresada con cola. En los casos de periódicos o revistas a caballete, se pliegan los cuadernillos y se embuchan entre sí, guardando el orden correlativo de páginas y, si fuese necesario, se graparían al lomo mediante grapadoras manuales.

La encuadernación más utilizada para la creación de prototipos encuadernados es en alambre o espiral por su facilidad, pero no siempre las exigencias del trabajo lo permiten.

Detalle de cuadernillos cosidos con hilo antes de colocar la cubierta

 Sabía que...

Para la edición de publicaciones de lujo encuadernadas con cartoné, se realizan prototipos exactos al producto final, en los que se utiliza el mismo papel con el que se imprimirá el producto final, se pliegan y cosen los cuadernillos, se forran las tapas duras y se colocan las camisas o sobrecubiertas para la comprobación previa exhaustiva del prototipo y su aprobación antes de la fabricación en producción de los ejemplares.

Troquelado

El troquelado es un corte irregular que no se puede hacer en guillotina y que se realiza al impreso por medio de cuchillas con la forma del corte. Para la realización de prototipos troquelados, se emplearán cúteres para realizarlo manualmente o de manera automática con *plotters* de corte.

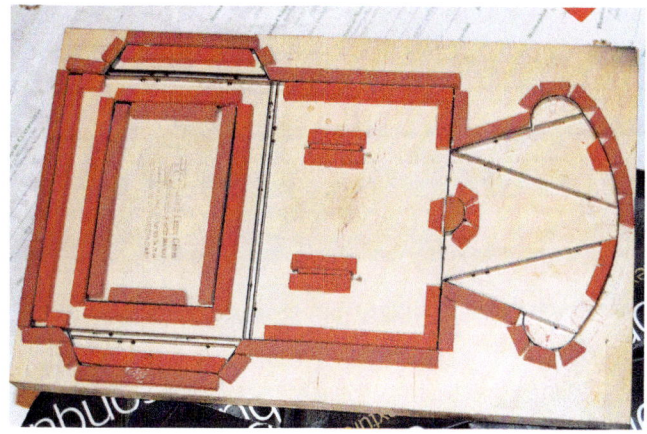

Molde de un troquel con cuchillas de corte y hendido

Manipulación

El proceso de manipulación corresponde a los plegados, alzados o a cualquier tipo de manipulación del impreso o prototipo necesario para la obtención del resultado final.

Encolado

El proceso de encolado puede ser para pegar los cuadernillos u hojas de una publicación encuadernada o para pegar partes del impreso o prototipo, como por ejemplo pegar el forro a una cubierta de tapa dura o el forro a una carpeta con anillas.

Acabados

Se pueden nombrar distintos tipos de acabado, como el plastificado, el estampado, el golpe en seco, el relieve, la reserva UVI, etc., pero en el desarrollo de los productos, cada vez más creativos, no se dejan de desarrollar nuevos tipos de acabado que embellezcan el impreso y llamen la atención del público.

Distintos ejemplos de acabado

Aplicación práctica

Es el responsable de producción y artes finales en una editorial y debe realizar el prototipo de un libro para que el cliente realice correcciones sobre el texto. ¿Cómo imprimirá el libro y cómo lo encuadernará?

SOLUCIÓN

Para la impresión, se utilizará una impresora convencional con impresión a doble cara. Después, se cortarán las páginas a su tamaño final y se encuadernarán con la cubierta del libro en alambre o espiral.

Actividades

13. Con los medios y materiales de que disponga, realice el prototipo del catálogo realizado en la actividad anterior, realizando la imposición, añadiendo las líneas de corte y plegado, imprimiendo, plegando, embuchando y grapando el catálogo.

5. Elaboración de prototipos digitales

Los prototipos digitales son aquellas maquetas realizadas en formato digital para su visualización en pantalla. Es posible encontrar distintos tipos de maquetas o prototipos digitales:

- Prototipos en documentos PDF.
- Prototipos digitales interactivos.
- Prototipos mediante montajes fotográficos.

A continuación, se detallan los pasos a seguir para la realización de cada uno de ellos.

5.1. Programaciones básicas

Como se ha mencionado en apartados anteriores, se pueden encontrar distintas aplicaciones gratuitas y de pago para la creación de prototipos o publicaciones interactivas.

Prototipos en documentos PDF

Para la realización de prototipos en PDF, se exportará desde la aplicación de diseño el proyecto a PDF. Para la inserción de acciones o botones interactivos en el prototipo, se utilizarán los menús destinados a ello en la aplicación de diseño o la aplicación *Adobe Acrobat Pro*.

 Aplicación práctica

Es el responsable de producción y artes finales en una editorial y debe realizar el prototipo de un libro para que el cliente realice correcciones sobre el texto mediante la herramienta notas y comentarios de *Acrobat*. ¿Qué tipo de prototipo realizará?

Continúa en página siguiente >>

<< Viene de página anterior

SOLUCIÓN

Para un flujo de corrección digital en PDF, se realizará el prototipo del libro en formato PDF para que el cliente inserte notas y comentarios que, posteriormente, le hará llegar para su corrección.

Prototipos digitales interactivos

Para la realización de prototipos digitales profesionales, se utilizará la aplicación de diseño *Adobe InDesign* junto con las herramientas de la *Suite Adobe Digital Edition* y sus paneles *Folio Builder, Adobe Content Viewer* y *Viewer Builder.*

El proceso de creación de una publicación digital interactiva consta de los siguientes pasos:

- **Creación del documento:** en este paso, se diseñará el proyecto como si de una publicación impresa se tratase, teniendo en cuenta que el documento será en modo RGB.
- **Inserción de hipervínculos en el texto:** se pueden añadir enlaces a internet, correos electrónicos, otros archivos, visualización de otras páginas, etc.
- **Inserción de objetos con varios estados:** para la presentación interactiva de diapositivas u objetos con varios estados.
- **Inserción de vídeos:** desde el panel **Elemento multimedia** se pueden insertar vídeos en el documento y configurar el aspecto de los controles, el modo de reproducción, las máscaras, etc.

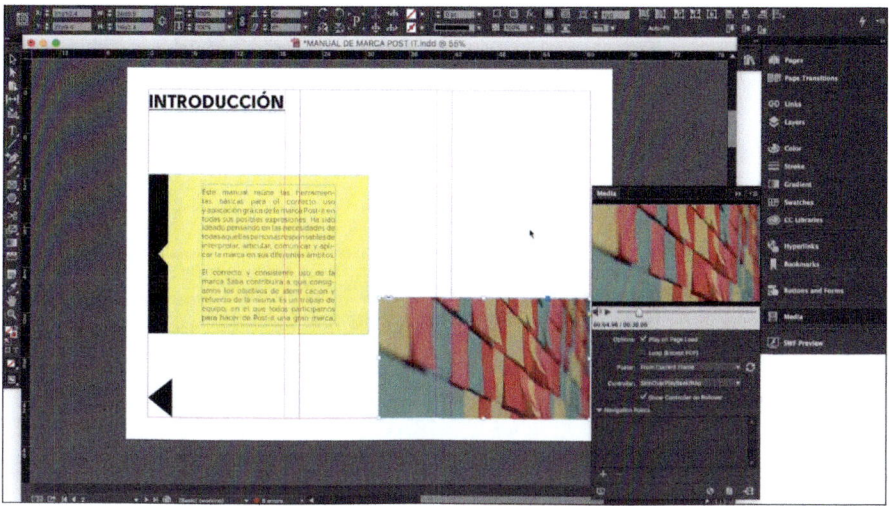

Inserción de un vídeo en una publicación interactiva desde el panel Elemento multimedia de Adobe InDesign

- **Inserción de audio al documento:** se puede insertar un audio a la aplicación, así como controles para activarlo, desactivarlo, modificar el volumen, etc.
- **Configurar el modo de zoom del documento:** para la visualización del prototipo, se configurará el modo de zoom que utilizará el usuario.
- **Inserción de imágenes panorámicas:** para la inserción de imágenes de gran tamaño, *InDesign* permite la navegación por la imagen en modo panorámico.
- **Inserción de animaciones:** se pueden colocar animaciones realizadas en *Adobe Edge Animate* o *Flash* o animaciones más simples creadas directamente con el panel **Animación** disponible en *Adobe InDesign* o incluso insertar GIF.

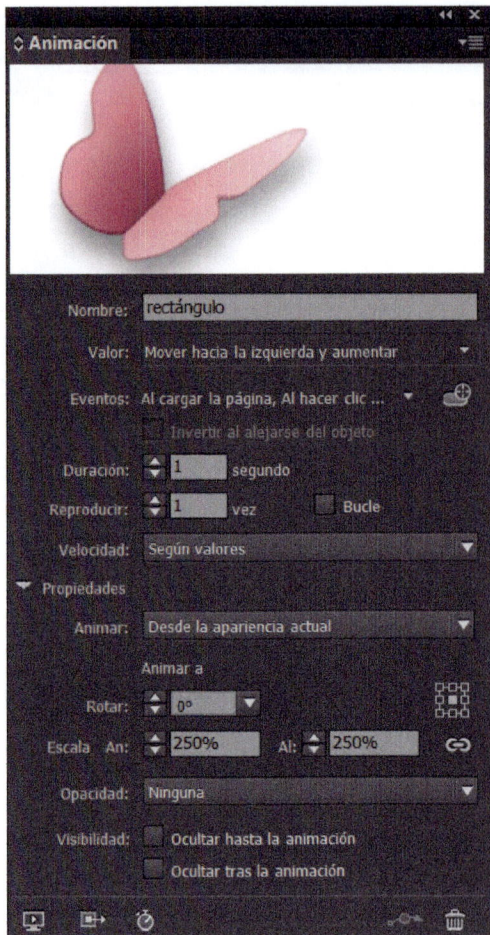

Panel de Animaciones de Adobe InDesign

- **Testeo:** mediante la aplicación *Adobe Content Viewer,* en una aplicación con *Android* o desde la nube descargándola a una *tablet* o Ipad, se previsualizará y testeará la publicación digital antes de su publicación. Se puede previsualizar también con *Adobe Acrobat.*
- **Producción final:** una vez realizados todos los pasos de diseño e interactividad, se publicará el prototipo.

Aplicación práctica

Es diseñador en una agencia de publicidad y debe realizar un prototipo digital interactivo de un catálogo de productos de una empresa de cosméticos. ¿Cómo procederá?

SOLUCIÓN

Realizará el catálogo en *InDesign* como si de un documento para impresión se tratase. Posteriormente, insertará los hipervínculos en el texto, los objetos con varios estados o diapositivas, insertará los vídeos y el audio, configurará el modo de zoom para la visualización de la publicación, insertará si las hubiere imágenes panorámicas y animaciones y, por último, testeará la publicación antes de realizar el prototipo final.

Prototipos mediante montajes fotográficos

Con la aplicación *Adobe Photoshop* se pueden crear creativos montajes fotográficos para la presentación de prototipos en pantalla. Además, se pueden utilizar plantillas o *mockups* de pago o gratuitas, disponibles en internet, que agilizan enormemente el proceso de creación de prototipos mediante montajes fotográficos.

Representación del prototipo de un logotipo en un restaurante mediante la utilización de mockups

Actividades

14. Busque en internet descargas gratuitas de plantillas *mockups* para *Photoshop* y realice un montaje fotográfico con algunos de los diseños que ha realizado en actividades anteriores de la marca Patané.

6. Niveles de acabado de los prototipos atendiendo a los requisitos y exigencias del proyecto

Como se ha mencionado con anterioridad, el nivel de acabado o calidad del prototipo será acorde a las necesidades que el proyecto exija. Para proyectos en los que será impresa una cantidad elevada de ejemplares o en que el proceso de fabricación supone elevados costes, realizar un prototipo totalmente fiel al producto final impreso es de vital importancia para establecer puntos de inspección en los procesos de control de calidad que permiten la comprobación previa del producto en relación con las necesidades morfológicas, de resistencia de materiales y de calidad de reproducción. No elaborar y comprobar este tipo de prototipos antes del proceso de fabricación puede suponer errores, una vez fabricado el producto, que no tienen vuelta atrás y suponen la repetición completa del trabajo con su respectivo coste y pérdida de beneficios.

Como se ha visto anteriormente, existen distintas maneras de presentar prototipos y cada una de ellas tiene unas determinadas características y costes. Para la realización del prototipo y su nivel de acabado, se tendrán en cuenta los siguientes aspectos:

- Presupuesto del proyecto.
- Costes de la realización del prototipo.
- Calidad de reproducción del color necesaria en el prototipo.
- Número de ejemplares a fabricar.
- Necesidades morfológicas y de estructura del prototipo así como resistencia de materiales.

Se determinará el tipo de prototipo y su nivel de acabado atendiendo a los aspectos mencionados anteriormente, guardando equilibrio entre el coste de realización del prototipo y los costes de fabricación del producto.

7. Prototipos especiales: efectos de tinta brillante, metalizados, alto relieves y plastificados

La aplicación de efectos y acabados especiales a los impresos es un método cada vez más usado, incluso en algunos sectores gráficos, como en la impresión de etiquetas, hoy día casi son una norma que producen llamativos efectos que atraen la atención del público y generan valor añadido a los productos.

Existen distintos tipos de efectos y acabados que se pueden aplicar a los impresos. A continuación, se enumeran y explican los más conocidos.

7.1. Efectos metalizados

Para conseguir efectos metalizados en un impreso, es posible utilizar distintos métodos:

- *Stamping:* proceso posterior a la impresión que consiste en aplicar sobre una determinada zona o forma del impreso una fina película metalizada disponible en variedad de colores. El proceso se aplica por medio de presión en frío o caliente para que el material quede perfectamente adherido al soporte o papel.
- **Tinta plana metalizada:** existen gamas de tintas que contienen en su composición pigmentos que generan efectos metálicos que se pueden utilizar durante la impresión. Para la utilización de este tipo de acabado, se trabajará en el diseño utilizando una tinta plana, por ejemplo de la gama Pantone Metalic.
- **Impresión sobre un soporte metalizado:** el efecto metalizado se puede conseguir de distintos modos, incluso partiendo de un soporte con el efecto ya aplicado, como es el caso en algunos envases de plástico y otros soportes de impresión. Al imprimir sobre este tipo de soportes y mezclar con tintas traslúcidas, se generan efectos metálicos.

7.2. Altos relieves

Se pueden encontrar dos procesos que generan efectos de relieve en los impresos:

- **Tintas de termo-relieve o falso relieve:** mediante un proceso de impresión es posible utilizar tintas especiales que contienen en su composición pigmentos que reaccionan al calor, que, una vez aplicados sobre la tinta, se hinchan, generando un efecto de relieve en el impreso.
- **Golpe seco:** mediante la creación de un molde, generalmente metálico, macho y hembra con la forma que se necesite aplicar en relieve sobre el soporte, se efectúa un proceso en el que el soporte queda entre los moldes y se aplica presión entre ambos (golpe), dando como resultado un relieve en el soporte o papel con la forma del molde. Este tipo de efecto se puede aplicar según necesidades en alto o bajo relieve, según como se prepare el molde.

7.3. Tinta brillante

Es posible conseguir efectos de brillo en las tintas mediante la utilización de distintos métodos:

- **Barniz de sobreimpresión:** para aplicar un efecto de brillo sobre la superficie de un impreso, se puede utilizar un proceso de impresión que consiste en aplicar una última capa de tinta sin pigmento o barniz sobre toda la superficie del impreso, consiguiendo, además del efecto de brillo, una capa de protección sobre la superficie impresa.
- **Reserva UVI:** se aplica en un proceso de postimpresión mediante equipos de impresión serigráfica y consiste en aplicar una capa de barniz sobre un área o elemento concreto del diseño con la finalidad de resaltarlo sobre los demás elementos de la composición.
- **Barniz acrílico:** otro tipo de barniz de sobreimpresión que se aplica en la propia máquina de impresión, pero, como su propio nombre indica, no es una tinta con base grasa, sino con base acrílica, por lo que se necesitan potentes equipos de secado. El barniz acrílico resulta un barniz de

mayor grosor que el barniz de sobreimpresión, pero no tanto como puede resultar un plastificado.

7.4. Plastificados

El plastificado es un proceso de postimpresión que consiste en la aplicación sobre una o ambas caras del impreso de una fina película de plástico laminado con acabado brillo o mate, aplicada normalmente por presión y calor que, además, ofrece la posibilidad de aplicar distintos tipos de texturas o superficies en relieve mediante la variación de las superficies de los cilindros que ejercen la presión al soporte para aplicar la película.

Los plastificados son muy utilizados en las cubiertas de libros y revistas, en tarjetas de visita e impresos que requieran resistencia por el uso que se les vaya a dar.

7.5. Prototipos con acabados y efectos

Para la realización de prototipos con acabados y efectos especiales, es necesario disponer de herramientas o equipos que permitan reproducir fielmente el acabado o efecto que llevará el producto final.

Plotter de impresión y corte con acabados y efectos especiales

La utilización de la maquinaria de postimpresión para realizar sobre un prototipo impreso alguno de los procesos de acabado especiales puede suponer elevados costes que no guarden equilibrio con el coste total del trabajo. Para ello, hoy día existen *plotters* que aplican efectos de acabado similares a los realizados en la fabricación del producto, tales como relieves, reservas UVI, impresión sobre fondos blancos para soportes traslúcidos o transparentes, cortes de formas irregulares, estampados, perforados, texturas, tintas metálicas, etc.

La utilización de estos tipos de *plotter* para aplicar los acabados sobre los prototipos también supone un coste añadido. No todas las empresas de impresión disponen de este tipo de maquinaria para la elaboración de prototipos. Se podrán encontrar equipos de estas características en empresas de impresión muy especializadas en productos con acabados, como empresas del sector de la impresión de etiquetas, envases o *packaging* que sí rentabilizan la inversión en este tipo de maquinaria.

Detalle de un prototipo con acabados y efectos aplicados desde un plotter

8. Resumen

En este capítulo, se han visto los distintos tipos de prototipos que se pueden encontrar en el proceso de elaboración y diseño de un producto impreso, como los corporativos, de señalética, de libros y revistas y de *packaging*.

También se han visto las distintas maneras de presentar un prototipo o maqueta junto al arte final de un futuro producto impreso para su corrección, verificación, presentación o aceptación por parte del cliente, como los prototipos multimedia en dos dimensiones en formato PDF, los prototipos interactivos y montajes fotográficos o los prototipos impresos creados sobre soportes físicos.

Además, se han realizado ejemplos para la creación de cada uno de los distintos tipos de prototipos y se han mencionado algunas de las aplicaciones gratuitas o no para el desarrollo de los mismos, señalando que, cada vez más, el prototipo multimedia, por el valor añadido que supone la distribución en soportes digitales, come terreno al producto impreso, convirtiéndose, una vez verificado y aprobado, en el propio producto final para su difusión en soportes multimedia interactivos.

Por último, se han enumerado las condiciones a tener en cuenta para determinar el nivel de calidad de acabado del prototipo, según las exigencias y necesidades del proyecto y en equilibrio con los costes de producción, así como los métodos para aplicar acabados especiales y efectos a los prototipos impresos para reproducir fielmente el producto final y crear puntos de inspección o controles de calidad en los procesos de desarrollo previos a la fabricación en masa del producto.

Ejercicios de repaso y autoevaluación

1. **De las siguientes afirmaciones, diga cuál es verdadera o falsa.**

    a. Un manual corporativo puede contener apartados referentes a la señalética de la marca.

        ☐ Verdadero
        ☐ Falso

    b. Un prototipo siempre tendrá un acabado totalmente fiel al original.

        ☐ Verdadero
        ☐ Falso

    c. El prototipo impreso tiene menor coste que un prototipo en PDF.

        ☐ Verdadero
        ☐ Falso

2. **¿Qué tipos de prototipos multimedia se pueden crear?**

    _____

    _____

3. **¿Cuáles de las siguientes aplicaciones no corresponde a la suite de *Adobe Digital Edition?***

    a. *Folio Builder Plugin*
    b. *Viewer Builder*
    c. *Interactive Maker*
    d. *Content Viewer*

4. ¿En qué consiste el hendido?

_____

_____

5. Indique cuál de las siguientes funciones no corresponde a una etapa de producción de un prototipo impreso.

    a. Encuadernación
    b. Hipervínculos de texto
    c. Plegado
    d. Impresión

6. ¿Cómo se denomina al prototipo digital que emula, mediante la visualización en una pantalla, el resultado real del producto?

    a. PDF
    b. Documento
    c. Montaje fotográfico
    d. Todas las opciones son incorrectas.

7. ¿Cuáles son los aspectos a tener en cuenta para determinar el nivel de calidad de acabado del prototipo?

_____

_____

_____

_____

8. Indique el menos cuatro procesos de efectos o acabados especiales que es posible aplicar a un prototipo impreso.

_____

_____

9. ¿Qué dispositivo se utilizará para aplicar cortes, efectos y acabados especiales en la creación de un prototipo?

_____

_____

10. ¿Qué es la marca? ¿Y la identidad corporativa?

_____

_____

_____

_____

11. Indique los aspectos a tener en cuenta para la creación del logotipo de una marca.

_____

_____

_____

_____

12. Indique cuál de los siguientes aspectos no hay que recoger o contemplar en un manual corporativo.

    a. Tipografías
    b. Costes de fabricación
    c. Envases
    d. Colores
    e. Publicidad

13. Si se debe ajustar el coste de la realización de un prototipo para la presentación de un proyecto, ¿qué tipo de prototipo realizaría?

_____

_____

14. ¿Qué es la señalética y para qué sirve?

_____

_____

15. Relacione el tipo de prototipo con la opción correspondiente.

    a. PDF
    b. Interactivo
    c. Impreso
    d. Montaje fotográfico

    __ _Adobe Digital Edition_
    __ Flujo de trabajo de corrección digital
    __ _Mockup_
    __ Prueba de contrato certificada

Bibliografía

Monografías

❙ AMBROSE, G. y HARRIS, P.: *Formato.* Barcelona: Parramón, 2008.

❙ JOHANSSON, K., LUNDBERG, P. y RYBERG, R.: *Manual de producción gráfica: Recetas.* Barcelona: Gustavo Gili, 2011.

❙ MADONIA, M. G.: *Terminación de impresos.* Tecno2, tecnología en comunicación visual, 2018.

❙ ROSSELL, E.: *Diseño de catálogos y folletos 4.* Barcelona: Gustavo Gili, 2012.

❙ WITHAM, S.: *Acabados de impresión y edición de soportes y formatos para promociones.* Barcelona: Promopress, 2016.

Textos electrónicos, bases de datos y programas informáticos

❙ Ministerio de Cultura, de: <https://cultura.sede.gob.es/>.

❙ Preps 10, de: <https://workflowhelp.kodak.com/display/PREPS10/KODAK+Preps+10.x+Quick+Reference+Guide>.